KB124214

그 영어,

How Your English Sounds to Native Speakers · 3

네이티브에게는 이렇게 들린다 ③

David A.Thayne·Koike Nobutaka 지음 / 양영철 옮김

북스넛

머리말

해외여행 필수 표현 완벽 가이드!

해외여행 중에 현지인에게 영어로 말을 걸었다가 생각지 못한 반응이 돌아오는 난처한 경험을 할 수 있다.

"내 발음이 나빴나?"

이 책을 읽고 나면 엉성한 발음만이 이유가 아니었다는 사실을 새삼스럽게 알게 될 것이다. 당신의 영어가 네이티브에게는 무슨 말인지 전혀 알 수 없는 엉뚱한 말로 들렸거나 퉁명스럽게 들렸을지도 모른다. 이는 당신의 영어실력 탓만이 아니라, 당신이 갖고 있는 영어회화책이 잘못되었기 때문이기도 하다. 이 책은 베스트셀러 『그 영어, 네이티브에게는 이렇게 들린다』 시리즈의 제3편 〈퍼펙트 해외여행〉 편이다. 해외여행에서 쓰는 간단한 영어회화에 대해서는 제1편에서 이미 소개를 한 적이 있다. 하지만 독자들로부터 "평소 국내에서만 지내는 우리들에게 영어가 가장 필요할 때는 오랫만에 해외여행을 할 때다. 좀 더 해외여행에서 유용하게 쓸 수 있는 영어를 소개해 달라"는 요구가 쇄도했다. 또한 "이번에 어학연수를 가는데 영어 실력이 걱정 된다. 유학가서 쓸 수 있는 영어회화도 알고 싶다"라는 목소리도 받아들여 단기 체류와 단기 유학 편까지 다루어, '퍼펙트'라는 타이틀이 어울릴 만한 내용으로 구성했다.

Part I은 해외여행에서 사용하는 영어회화를 '기내에서', '호텔, 숙박' 편 등에서 소개하고, 일반적으로 자주 사용되는 표현을 '간단한 한마디', '커뮤니케이션' 편 등에서 소개한다. 또한 단기간의 체류와 유학에서 사용할 수 있는 영어를 '단기 체류', '단기 유학' 편에서 다루어 놓았다. 예를 들면, 호스트 가족에게 작별 인사를 할 때 "결국, 한국으로 돌아갈 날이 오고 말았군요"라고 말할 생각으로,

At last, I'm going back to Korea.

라고 하면, 네이티브의 얼굴은 갑자기 굳어버릴 것이다.

그리고 학교 선생님께 질문을 하려고,

Teacher, I have a question.

이라고 자못 진지한 표정으로 말한다면 웃음거리가 될지도 모른다.

Part II에서는 Part I 에서 나온 '부탁할 때의 표현'과 우리가 흔히 혼동하기 쉬운 'to와 for의 구분법' 등, 자주 사용하는 문법을 알기 쉽게 해설해 놓았다.

"잠깐 로비에서 만날까요?"라고 말할 생각으로

Will you meet me in the lobby?

라고 말하면 상대는 묘한 압박감을 느낄지도 모른다.

당신은 She read a book to me.와 She read a book for me.의 차이를 정확히 설명할 수 있는가? 할 수 없다면 재빨리 이 책을 읽고 확인해 보기 바란다.

Part III에서는 전편과 마찬가지로 '간판에서 발견한 이상한 영어'와 '외래어'를 소개한다. 그중에는 놀랍게도 영어회화 학원의 안내문에서 발견된 어이없는 오류도 있다.

이 책에서 소개한 영어는 미국 영어다. 이제, 네이티브 못지않은 영어 실력으로 이야기해 보자. 그리고 당신의 해외여행과 단기 체류가 좋은 결실을 맺을 수 있기를 기원하겠다.

Success is never a destination-it is a journey.

성공은 종착점이 아니라 여정이다.

—Statenig St. Marie(미국의 논픽션 작가)

CONTENTS

Part I
그 영어, 네이티브에게는 황당하게 들린다

Part II
좀 더 네이티브에 가까워지는 테크닉

그 영어, 네이티브에게는 황당하게 들린다

- 간단한 한마디
- 기내에서
- 공항
- 택시, 교통수단
- 호텔, 숙박
- 외출
- 쇼핑
- 레스토랑
- 단기 체류
- 단기 유학
- 커뮤니케이션

그래요? (확인을 위해 물을 때)

✕ **Is that so?**

어, 그래? 그래서?

아주 심술궂은 표현으로 들리며, 나쁜 인상을 준다.

Oh, really?

매우 기쁜 마음으로 되묻는 느낌을 준다!

Is that right?

so가 아닌 right를 사용하면 O.K.

왜 그렇습니까? (이유를 물을 때)

✕ **Why not?**

어째서?

이유를 묻기보다는 반항심에 '어째서?'라고 말을 받아치는 듯한 느낌이다.

Why is that?

솔직하게 의문스러운 점을 묻고 있는 느낌이 든다.

How come?

미국에서는 이 표현도 자주 사용한다.

어떻습니까? (의견을 물을 때)

✕ How do you feel?

몸 상태는 어때?

이것은 '몸은 좀 어떠십니까?'라는 뉘앙스로, 병문안을 갔을 때 사용하는 말이다. 이 말을 들은 상대는 Don't talk to me like I'm sick.(병자 취급하지 마!) 하고 불끈 화를 낼지도 모른다.

How do you feel about this?

뒤에 about this를 붙인다. 이렇게 말하면 보통 의견을 묻는 표현이 된다.

What do you think?

이렇게 말하면, '어떻습니까?', '어떻게 생각하십니까?' 하고 의견을 묻는 표현이 된다.

뭐라고 말씀하셨나요? (되물을 때)

✕ What did you say?

지금, 뭐라고?

상대의 말에 불끈하여 '뭐라고?' 하며 되받아치는 듯한 느낌이다.

What was it you said?

I'm sorry, what was that?

이 표현들은 네이티브가 되물을 때 자주 사용하는 표현이다. I'm sorry를 첨부하면 완벽하다.

잠시 기다려 주세요.

✕ Wait for me for a minute, okay?

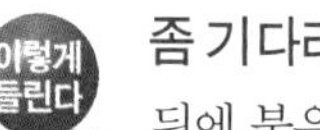

좀 기다리지 그래?

뒤에 붙은 okay가 문제다. 명령문 마지막에 okay를 붙이면 '잔소리 말고 ~해라. 알겠어?'와 같이 상대를 무시하는 것 같은 기분 나쁜 표현이 된다. 이는 분위기를 깨뜨리는 삼가야 할 표현이다.

Could you wait for a minute?

부탁할 때 쓰는 기본 표현 Could you~?를 사용한다.

이것은 무엇입니까?

✕ What's that?

뭐야, 이건?

불쾌한 것을 보거나 들었을 때 얼굴을 찌푸리며 말하는 느낌이 들어, 네이티브에게는 매우 큰 상처가 될 수 있다. 할리우드 영화 같은 흉내는 내지 않도록 하자.

What could this be?

'이것은 무엇인가요?' 하고 정중하게 묻는 표현이다.

What is this?

이 표현도 괜찮다.

그런 말 안 했어요.

✕ I didn't say so.

그렇게 생각은 했지만 말로는 안 했어.

이것은 '말은 안 했지만'이라고 말하는 것에 불과하다. 마치 마음속으로는 그렇게 생각하고 있었음을 상대에게 넌지시 알려주기라도 하는 듯하다. 말은 조금만 잘못해도 재앙의 근원이 된다.

I didn't say that.

so가 아닌 that을 사용한다. 이렇게 말하면 불필요한 오해의 소지가 사라진다.

조용히 해줄래!

✕ **Keep quit.**

비밀이야!

keep quiet는 '비밀로 해', '말하지 마'의 뜻이다.

Be quiet.

조용하게 만들고 싶다면 여러 말 할 것 없이 이렇게 표현하자.

한 가지 궁금한 것이 있습니다만.

✕ **I have one question for you.**

이렇게 들린다

그렇게까지 말한다면, 어디 한 번 물어보겠는데…….

이것은 '그럼, 물어보자', '그렇게까지 말한다면 어디 한 번 물어보겠는데……'라는 뉘앙스다. 마치 상대방의 거짓말을 폭로라도 할 것처럼 보인다.

I have a question.

간단하게 이것으로 O.K.

Just a question …

'질문 한 가지만……' 하고 말을 꺼내는 느낌이다. 이것도 네이티브가 자주 사용하는 표현이다.

죄송합니다. 잘 못 들었어요.

✕ I'm sorry. I don't understand.

무슨 얼토당토않은 말을 하는 거야!

이렇게 말하면 I don't understand why you said that.이라고 말하는 것과 마찬가지다. 즉 I disagree!라는 뜻이다. 그러면 상대방은 당신에게 무슨 말을 해도 소용없겠다는 생각을 할 수 있으며, 대화는 거기서 끝나버릴 것이다.

I'm sorry?

이렇게만 말해도 충분하다. 그러면 상대는 말한 내용을 다시 되풀이해줄 것이다.

좀 지나가도 될까요? (사람이 가로막고 있어 지나갈 수 없을 때)

✕ Would you mind?

방해하지 말고 비켜!

'내가 지나가는 것이 보이지 않느냐?'라는 말이라도 할 것처럼 느껴진다. 인간성을 의심받게 되므로 이런 무례한 표현은 피한다.

Would you mind letting me get by?

let me get by는 '나를 지나가게 하다'라는 의미다. 이렇게 말하면 무례한 인상이 완전히 사라진다.

Excuse me.

이렇게만 말해도 O.K.

잠시 할 얘기가 있습니다만.

✕ I have something to say to you.

한마디만 해두겠는데!

say는 '불만을 말하다'라는 뉘앙스로 사용되는 경우가 많다. 이렇게 말하면 싸움을 거는 것처럼 들린다.

Do you have a minute?

Can I talk to you for a minute?

'잠시 이야기 좀 할 수 있어요?'라는 뜻으로, 매우 자연스러운 표현이다.

그럴지도 모르겠네.

✕ You would say that.

또 바보 같은 소리 하네.

의외로 어려운 것이 이 would의 사용법이다. 상황에 따라, 잘못 사용하면 이처럼 엉뚱한 표현이 된다. '너다운 말이다' 즉, 바꿔 말하면 '또 바보 같은 소리 한다'와 같은 뉘앙스다.

You might say that.

Maybe so.

I suppose so.

would가 아닌 might가 옳은 표현이다. 맞장구칠 때 자주 쓰인다.

자, 분발하자!

✕ Let's hustle!

자, 서두르자!

이것은 Let's hurry와 같은 의미다.

Let's go for it!

매우 활기차 보이는 좋은 표현이다.

지금 전화받을 수 없습니다.

✕ He can not answer the phone.

이렇게 들린다

전화 받을 수 없다고 말했잖아!

can not을 줄이지 않고 사용하면 '할 수 없다'라는 부분이 지나치게 강조된다.

이렇게 말하자

He can't come to the phone right now.

보통 이야기할 때는 can't라고 줄여서 쓰는 것이 네이티브식 영어다. 또한 come to the phone(전화 받다)도 네이티브다운 자연스러운 표현이다.

조금 서툴러요. ('영어 할 수 있어요?'라는 질문에)

✕ No, I don't.

영어는 못해!

이런 퉁명스러운 말투는 피하자.

이렇게 말하자

No, not very well.

'영어는 조금 서툴러요', '그렇게 잘 하지는 못해요'와 같은 뉘앙스다. 네이티브가 잘 쓰는 표현이므로 이대로 외워두자.

Yes, but only a little.

'네, 하지만 조금밖에 못해요'라는 의미다.

이 자리에 앉아도 될까요?

✕ Can I sit down here?

이렇게 들린다

이 자리에 좌정하고 앉아도 되겠습니까?

Can I sit down.이나 May I sit down.이라고 말하면 될 것을 here까지 붙여서 말하면 네이티브의 귀에는 어딘가 장황스럽게 들려 부자연스럽다. 네이티브는 이런 거추장스러운 표현을 기피한다.

이렇게 말하자

Can I sit here?

here를 붙이고 싶다면 down은 넣지 않고 sit here라고 표현한다. 이것이 네이티브식 영어다.

뭐 마실래요?

✕ **What do you want for a drink?**

이렇게 들린다

음료수에는 얼마나 낼 수 있죠?

What do you want for~?는 '~에는 얼마를 지출하고 싶습니까?'라는 뜻이다. 즉, 이렇게 말하면 음료수의 가격을 묻는 말이 되어버리고 만다. 상대는 I'm not that stingy.(난 그렇게 구두쇠가 아니야!) 하고 불끈 화를 낼지도 모르겠다.

이렇게 말하자

What would you like to drink?

이것이 마시고 싶은 음료수를 물어볼 때의 기본 표현이다. 먹고 싶은 음식을 물을 때에도 What would you like~?라는 표현을 쓸 수 있다.

무엇을 먹을까요?

✕ **What do you eat?**

이렇게 들린다

평소에는 무엇을 먹고 있습니까?

What do you~?라는 표현을 쓰면 습관적인 일을 묻는 것처럼 들린다. 즉 이것은 '늘 어떤 음식을 먹고 있나요?'라는 의미가 된다.

What would you like to eat?

정중하면서도 네이티브다운 질문 방법이다. '뭘 먹을까요?'

담요 좀 주시겠어요?

✕ Can I take a blanket?

이렇게 들린다

담요를 갖고 가도 되나요?

여기서는 동사의 선택이 잘못되었다. 이렇게 말했다가는 I'm sorry, we can't give them away.(손님, 그것은 드릴 수 없습니다.)라고 말하며 쓴웃음을 짓는 얼굴을 볼 가능성이 크다.

Can I have a blanket?

Can I have a～?라는 표현을 자주 사용한다. Could I have a～?라고 해도 물론 O.K.

Can I get a blanket?

Can I get～?도 자주 사용하는 표현이다.

베개를 하나 더 주세요.

✕ I need more pillow.

이렇게 들린다

좀 더 높은 베개를 주세요.

네이티브는 베개의 높이가 낮다고 생각될 때 이렇게 말한다. 따라서 이렇게 말하면 '좀 더 높은 베개를 주세요'라는 뜻으로 들린다. 기내에서 이것은 무리한 주문일 것이다.

Could I have another pillow?

Could I have～?(～을 주시겠습니까?)라는 표현을 쓰고, '베개를 하나 더'는 another pillow라고 한다. 이것으로 완벽한 표현이 된다.

영화를 보여줍니까?

✕ Can we see a movie today?

영화 보고 싶어~!!

이는 '영화 보고 싶어, 보고 싶다니깐!' 하며 어린아이가 떼를 쓰는 것처럼 들린다.

Will there be a movie on this flight?

이 경우에는 Will there be~?(~는 합니까?)라는 표현을 써야 자연스럽다.

식사 때 깨워 주세요.

✕ Wake me up for meals.

식사 때에는 확실히 깨워!

이렇게 말해도 뜻은 통하지만, 명령을 내리는 듯한 이런 말투는 그다지 바람직하지 않다. 네이티브라면 한 마디 덧붙여 말할 것이다.

Would you mind waking me up for meals?

이렇게 말하면 보다 겸손한 표현이 된다. 그리고 이것이 영어로서도 자연스럽다.

영화가 시작되면 깨워주세요.

✕ I want you to wake me up when the movie starts.

영화할 때는 깨워, 알았지?

I want you to~는 윗사람의 입장에서 지시를 내릴 때 쓰는 명령식의 표현이다.

Could I ask you to wake me up when the movie starts?

Maybe you could wake me up when the movie starts.

Could I ask you to~?(~를 부탁해도 될까요?)라는 표현으로서 매우 정중하게 들리기 때문에 이를 추천한다.

읽고 있는 중이라서.

('이 잡지 치워도 되겠습니까?' 라는 말을 들었을 때)

✕ I'm reading it.

안 돼! 읽고 있잖아.

왠지 혼을 내는 것처럼 들린다. 표현 방법을 궁리하여 한 마디만 덧붙여 말했으면 하는 부분이다.

I'm sorry, I'm reading it.

I'm sorry를 덧붙인다.

I'm almost through.

'조금 있으면 다 읽어요.'

약을 먹으려고 하는데 물 좀 주세요.

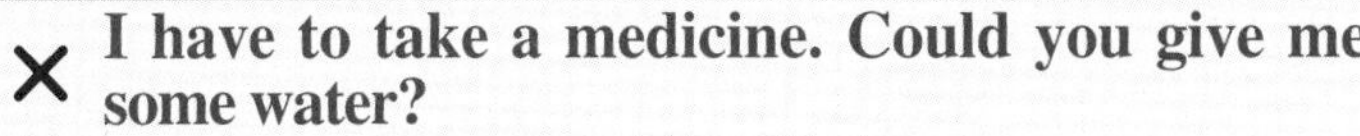

✕ I have to take a medicine. Could you give me some water?

어떤 약을 먹어야 해요. 물을 베풀어 주시겠어요?

물을 갖다 주어야 하는 것이 당연한 상황인데, Could you give me ~?라고 하면 매우 부자연스러워진다. 마치 '~을 베풀어 주세요' 하고 구걸이라도 하는 것 같다.

I need to take some medicine. Could I have some water?

Could I have~?를 사용한다.

두통약 좀 주세요.

✕ Bring some headache medicine to me.

두통약 좀 나에게 가져와라!

bring ~ to me는 '~을 갖고 오라'는 뉘앙스를 풍긴다. 뒤에 붙은 to me가 문제인데, 이곳이 지나치게 강조되어 말하는 사람이 상당히 대단한 사람처럼 들린다. Bring me some headache medicine.이라고 표현하면 문제는 없다.

Do you have anything for a headache?

Do you have anything for~?(~에 듣는 약이 있습니까?)라는 표현을 쓰는 것이 가장 자연스럽다. 이것이 네이티브식 영어다.

네, 괜찮아요.
('지나가도 되겠습니까?' 하고 창가 쪽의 사람이 말했을 때)

✕ Yes, I would.

부탁한다면 그렇게 해주지.

상대가 Would you～?의 형태로 물어 왔다고 해서 would가 들어간 문구로 답할 필요는 없다. 이것은 매우 심술궂은 대답이 되기 때문이다.

Yes, of course.

매우 시원스러운 느낌의 대답으로 좋은 인상을 풍긴다.

Sure, no problem.

이쪽도 신사적인 느낌이 드는 좋은 대답이다.

짐이 많아요. (공항 체크인 때)

✕ I have many suitcases.

짐이 수도 없이 많아서.

many가 문제다. I don't have many suitcases.(짐은 그렇게 많지 않습니다.) 와 같은 부정문에서 사용한다면 문제없지만, 일상회화의 긍정문에서 사용하기에는 다소 부담을 주는 표현이다. 다만 웅변대회에서 사용하는 것이라면 O.K.

I have a lot of suitcases.

일상회화에서는 a lot of를 사용하는 것이 일반적이다.

저기에 있는 것이 내 슈트케이스입니다.

✕ There is my suitcase.

내 슈트케이스 찾았다!

There is~라고 하면 찾고 있던 슈트케이스가 겨우 발견되어 '앗, 저기에 있다!'라고 말하는 것 같다.

That's my suitcase.

'저것이 나의 ~입니다'라고 할 때는 be동사를 줄여서 That's my ~라고 하는 것이 가장 자연스러운 표현이 된다.

네, 그렇습니다. ('이것이 당신 슈트케이스인가요?' 라고 물어 왔을 때)

✕ **Yes.**

당연하지!

화내고 있는 것처럼 들릴 가능성이 있다.

Yeah.

'네, 그렇습니다' Yeah는 Yes를 좀 더 가볍게 표현한 것인데, 이렇게 대답하는 편이 훨씬 네이티브답고 자연스럽다.

안내 방송이 들리지 않아요.

✕ **I can't hear the announce.**

이렇게 들린다

발표가 들리지…….

announce는 '알리다'란 뜻의 동사인데, 이것을 명사 자리에 쓰면 문장이 어중간하게 끝을 맺는 느낌이 든다.

I can't hear the announcement.

'안내 방송'은 announcement로 해야 맞다.

I can't understand the announcement.

방송은 잘 들리지만 무슨 말인지 잘 모를 때는 이 표현을 쓴다.

비행기를 놓쳐버렸는데요.

✕ I missed my plane.

이렇게 들린다 비행기를 놓치고 말았군요.

단지 침착하게 사실만을 말하고 있는 것처럼 들린다. 이래서는 그다지 곤란에 처해 있는 사람의 말처럼 들리지 않을 수도 있다.

이렇게 말하자 **I seem to have missed my plane.**

seem to have를 추가하면 '~해버린 것 같습니다만' 하고 난처해하며 말하는 느낌이 든다.

짐이 보이지 않는데요.

✕ My baggage is missing.

짐이 없어졌는데!

이렇게 말하면 '없어졌다!', '없다!'라고 단정짓는 말이 된다. 단언은 아직 이르다.

이렇게 말하자 **My baggage seems to be missing.**

seem to를 붙여 넣으면 '~인 것 같은데요'라는 추측의 의미가 덧붙는다. 이 표현은 고충을 털어놓을 때나 상담을 할 때 자주 사용된다.

가방을 도난당했어요!

✕ My bag is stolen!

이렇게 들린다

내 가방은 도난품입니다!

My bag was stolen.이라면 '가방을 도난당했어요'의 뜻이 되어 괜찮지만, 현재형으로 is를 써버리면 '내 가방은 도난당한 물품입니다'라는 터무니없는 의미가 되어버린다. 이렇게 말했다가는 경찰에 신고당할 우려가 있으니 조심하자.

이렇게 말하자

Someone stole my bag!

주어를 someone으로 하여, Someone stole my~라고 표현하는 것이 정확하고 자연스럽다. 이는 '나의 ~을 도난당했어요'의 뜻이다.

아이가 있어서 그러는데, 지금 탑승해도 될까요?

(공항 탑승구에서)

✕ Can I get on now? I'm with child.

임신 중인데 지금 탑승해도 될까요?

with child라고 하면 '임신하고 있다'의 의미로 들린다.

Can I get on now? I have a child with me.

a를 잊지 말도록 하자. 복수라면 I have children with me.로 한다.

여권을 잃어버렸어요. (공항 탑승구에서)

✕ **I have lost my passport.**

이렇게 들린다

발표하겠습니다. 여권을 분실했습니다!

I have～는 일상회화에서 I've로 줄여서 말하는 것이 일반적이다. 이를 줄이지 않고 쓰면 어딘가 과장스러워서, 왠지 신문기사라도 읽고 있는 듯한 느낌이 든다.

I lost my passport.

간단하게 이것으로 O.K. 또는 I've lost my passport.라고 줄여서 말하면 문제가 없다.

아니요. 그렇지 않은데요. ('이것이 당신의 탑승권입니까?' 라는 질문을 받았을 때)

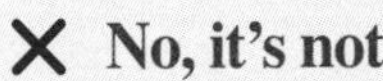

✕ **No, it's not.**

아니야! 절대 아니야!

정색을 하고 부인하는 느낌이 들며 왠지 수상쩍은 사람으로 보일 가능성이 있다.

No, I don't think so.

Nope, it's not mine.

Nope[noup]는 No를 경쾌하게 표현하는 방법이다. 매우 친근감 있게 들리므로 한 번 사용해 보기 바란다.

탑승 시각은 몇 시입니까?

✕ What is boarding time?

이렇게 들린다 보딩 타임이 뭐야?

What is～?는 단어의 의미를 물을 때 쓰는 표현으로 '～은 무엇입니까?'의 뜻이다. 어쩌면 상대는 That's the time you need to get on the plane.(비행기에 타기 시작하는 시간을 말합니다.) 하고 친절하게 가르쳐줄지도 모른다.

이렇게 말하자 **What's the boarding time?**

여기서 관사는 the로 한다. What's the ～ time?은 정해진 시간을 물을 때 자주 쓰는 표현이다. What's the arrival time?(도착시간은 몇 시입니까?), What's the starting time?(시작 시간은 몇 시입니까?) 등과 같이 쓸 수 있다.

몇 시까지 탑승하면 됩니까?

✕ Until what time do I need to board?

이렇게 들린다 언제까지 비행기 안에서 기다려야 해요?

until은 어떠한 상태가 계속될 때 사용한다. 그렇기 때문에 이 문장에서는 '몇 시까지 안에서 계속 기다려야 하지?'와 같은 뉘앙스가 풍긴다.

이렇게 말하자 **By what time do I need to board?**

'몇 시까지～?'라고 시간 제한을 묻는 것이라면 by를 써서 By what time～?의 표현을 쓰는 것이 가장 적절하다.

제가 찾아볼게요.

('호텔 찾는 것을 도와드릴까요?' 라는 말을 들었을 때)

✕ I'll find out myself.

저절로 알게 되겠죠.

find out은 노력하여 찾는 것이 아니라 '자연히 알게 되다'라는 의미로 사용된다. 따라서 이와 같은 상황에서는 사용할 수 없다.

I'll find my way.

'스스로' 알아서 찾고 싶다면 이렇게 말한다.

간단한 한마디 | 기내에서 | 공항 | 택시, 교통수단 | 호텔, 숙박 | 외출 | 쇼핑 | 레스토랑 | 단기 체류 | 단기 유학 | 커뮤니케이션

이 레스토랑 아십니까?

✕ You know this restaurant, don't you?

숨겨 봐야 소용없어. 이 레스토랑에 대해 알고 있지?

어미를 올리지 않고 일정한 톤으로 말하면 형사가 심문하는 것처럼 들리기 때문에 주의가 필요하다.

이렇게 말하자

Do you know where this restaurant is?

이런 경우에는 Do you know where ~ is?(~는 어디인지 알고 있습니까?)라고 물어야 자연스럽다.

I'd like to go to this restaurant.

I'd like to~(~하고 싶습니다만)라는 표현 방법을 사용해도 좋다.

거기서 좌회전해 주세요 (택시에서)

✕ Turn to the left.

왼쪽으로 꺾어, 왼쪽으로.

turn to the left라고 말하면 '왼쪽 방향으로 향해라'라는 뉘앙스가 되므로, 사용할 상황이 다르다. 이처럼 불필요한 to를 넣어버리는 실수가 꽤 많이 일어나므로 주의하자.

Turn left there.

네이티브라면 간단하게 이렇게 말할 것이다. 여기서 to는 불필요하다.

8시까지 레스토랑에 도착해야 하는데요 (택시에서)

✕ We must get to the restaurant by 8:00

무슨 일이 있어도 8시까지 레스토랑에 도착하지 않으면 안 됩니다.

이 정도의 일로 must라는 조동사를 쓰기에는 상당히 야단스럽게 들려서 부자연스럽다. 반드시 '~을 하지 않으면 안 된다', '~을 수행해야 할 의무가 있다'라는 말이라도 하는 듯하다.

We need to get to the restaurant by 8:00

need to를 쓰면 매우 자연스러운 표현이 된다.

택시 운전은 오래하셨습니까? (운전 실력에 감탄하여)

✕ How long have you been driving a taxi?

택시 운전을 시작한 지 얼마나 됐나요?

경험이 풍부한 사람이라고 확실히 알 수 있는 상대에게 네이티브라면 이런 식으로 묻지는 않는다.

Have you been driving a taxi for long?

이렇게 말하면 O.K.

이 길이 아닌 것 같아요. (택시에서)

× This is the wrong way.

이렇게 들린다 이 길이 아니잖아!

마치 '멀리 돌아서 가는 거 아냐?'라는 말이라도 하고 싶은 것처럼 느껴진다.

이렇게 말하자 **Are you sure this is the right way?**

일단은 먼저 이런 식으로 부드럽게 말을 꺼내는 것이 좋다. '이 길이 맞나요?'

1달러짜리가 없어요. (택시에서)

× I don't have any one.

이렇게 들린다 애인은 한 명도 없어요.

1달러권이라는 말을 간략하게 ones라고 하는 경우가 있는데, 이를 단수로 one이라고 하면 네이티브의 귀에는 anyone으로 들리기 때문에 바람직하지 못하다. 즉, 이렇게 말하면 I don't have anyone special.(특별히 사귀고 있는 사람은 없어요.)이라고 말하는 것과 마찬가지다. 이런 일을 운전수에게 털어놓고 뭘 하려는가.

이렇게 말하자 **I don't have any ones.**

복수를 나타내는 s를 붙여서 ones라고만 하면 문제는 해결된다. 이렇게 말하면 1달러권이라는 것을 바로 알 수 있다.

버스는 어디서 탈 수 있습니까?

✕ Where can I take a bus?

어디까지 버스로 갈 수 있습니까?

무심코 take라는 동사를 써버리기 쉽지만, 네이티브가 '버스를 잡아타다'라는 말을 할 때 take a bus라고 하는 일은 없다. 이렇게 말한다면 '어디까지 버스로 갈 수 있습니까?'라는 의미가 되기 때문이다.

Where can I get on a bus?

'버스를 타다'라고 할 때는 동사를 get on이라고 하는 것이 네이티브다운 자연스러운 표현이 된다.

관광버스는 있습니까?

✕ Do you have any sightseeing buses?

당신은 자가용 관광버스를 소유하고 있습니까?

버스의 경우, 네이티브는 Do you have any～?라고 묻지 않는다. 이렇게 말하면 개인적으로 버스를 소유하고 있는지 아닌지를 묻고 있는 것처럼 들린다.

Are there any sightseeing buses?

Are there any～?라는 표현을 사용하면 매우 자연스러운 질문이 된다.

동물원에 가는 데 버스를 갈아타야 합니까?

✕ Do I have to change buses to go to the zoo?

꼭 갈아타야 돼? 귀찮아~.

여기서 have to를 써버리면 '~해야 합니까?'라는 뜻이 들어가서, 하기 싫어하는 감정이 그대로 드러나므로 주의해야 한다.

Do I need to change buses to go to the zoo?

have to가 아닌 need to를 사용한다. 일상회화에서 필요성을 물을 때 need to를 사용하면 자연스럽게 들리는 경우가 많다.

실례합니다. 내릴게요. (버스에서)

✕ Excuse me. Get me off!

이렇게 들린다

나를 밖으로 옮겨줘요!

혼자의 힘으로 내릴 수 없는 사람이 하는 말이라면 O.K. 예를 들면, 승차 중에 몸 상태가 나빠져서 한 발자국도 걸을 수 없게 되어버렸을 경우 등에 쓴다.

Excuse me. I need to get off.

need to를 쓰면 자연스러운 표현이 된다.

Excuse me. I'd like to get off.

I'd like to로 정중하게 말할 수도 있다.

역은 어느 쪽입니까?

✕ The way to the station, please.

역까지 가는 방법, 주세요.

'~을 주세요' 하고 음료수라도 주문하고 있는 것처럼 들린다.

Could you tell me how to get to the station?

Could you tell me how to get to~?(~까지 가는 방법을 가르쳐 주세요.)라는 표현으로 정중하게 들리므로 이를 사용하면 좋다. 처음 보는 사람에게 길을 묻는 것인 만큼, 이 정도의 제대로 된 문장을 쓰는 게 좋다.

열차가 지연된다고요?

(역에서 열차의 발차 시각이 변경되었다는 안내를 받았을 때)

✕ Are you saying the train is going to be late?

이봐, 이봐! 여차하면 전철이 늦어진다는 말이야?

Are you saying~?은 '여차하면 ~라는 말인가?' 하는 뉘앙스가 풍긴다. 필요 이상으로 동요하고 있는 것처럼 느껴져 부자연스럽다.

Did you say the train is going to be late?

단지 재확인을 하는 것이라면 이 표현을 쓴다.

가득 채워주세요. (주유소에서)

✕ Please fill up a tank.

아무 탱크나 하나 가득 채워주세요.

a tank라고 하면 '아무것이나 좋으니 어느 한 탱크'라는 의미가 되어 주유할 탱크를 한정 짓지 않은 상황이 되어버린다.

Could you fill up the tank?

a가 아닌 the를 쓰는 것이 정답! 이 한 단어로 의미가 완전히 달라진다.

Fill'er up.

Fill her up의 약어이다. 여기서의 her는 차를 가리킨다.

이 가방은 조심해서 운반해 주세요.

✕ Be careful of this bag.

이렇게 들린다

이 가방은 위험하니 조심해요!

be careful of~라고 말하면 가방 자체가 위험물이라는 것처럼 들린다. 본래는 Be careful of this dog.(이 개를 조심하시오.)와 같이 쓰는 것이 보통이다.

이렇게 말하자

Be careful with this bag.

여기서는 of가 아닌 with가 적절하다. 이렇게 말하면 주의해서 가방을 옮겨줄 것이다.

아침 6시에 짐을 가지러 와주세요.

✕ I want you to come get my luggage at 6:00.

이렇게 들린다

6시에 짐을 가지러 와라.

I want you to~는 명백하게 명령을 내리는 말투로서, 부탁처럼 들리지 않는다.

이렇게 말하자

I'd like to ask you to come get my luggage at 6:00.

I'd like to ask you to~(~을 부탁하고 싶습니다만)라는 정중한 표현을 쓰면 좋다.

짐이 많아요.

✕ I have a lot of baggage.

나는 고민이 많아요.

have a lot of baggage는 '고민이 많다'라는 의미로, 네이티브가 자주 쓰는 전혀 다른 뜻의 관용표현이다.

I have a lot of suitcases.

I have a lot of bags.

이 경우는 suitcases나 bags 등, 구체적으로 말해야 한다.

문 좀 열어주시겠어요?

✕ Could you just open the door?

이렇게 들린다

잔소리 하지 말고 잠자코 문이나 열어!

'문만 좀 열어주시겠어요?'라고 말할 생각으로 just를 사용하면 매우 곤란하다. 이것은 '잔소리 말고 얼른 문 열어'라는 뜻으로, 자신이 마치 대단한 사람인 듯이 명령을 내리는 것처럼 들린다.

Could you open the door?

just는 필요 없다.

짐을 옮겨주시겠어요?

✕ I want you to carry my bags.

내 짐을 옮겨라!

I want you to~는 위압적으로 명령을 내리는 말투다. 무척이나 대단한 사람처럼 구는 것 같아서 기분 나쁘게 들린다. 아무리 손님이라도 예의는 지킬 줄 알아야 한다.

Could I ask you to carry my bags?

Could I ask you to~?(~을 부탁해도 될까요?)라는 표현으로 세련되게 부탁할 수 있다.

자, 여기요. (팁을 건네면서)

✕ This is for you.

자, 당신에게 주는 선물이에요.

이것은 선물을 건네줄 때 사용하는 표현이다. 팁을 건네 줄 때 이렇게 말하면 어딘가 생색을 내는 것처럼 들려 부자연스럽다.

Thank you.

역시 이 말이 가장 자연스럽다.

Here you go.

무엇인가를 건네주면서 말하는 기본 표현으로 '자, 여기요'의 뜻.

그에게 팁을 주었어요.

✕ **I gave him some tip.**

괭장한 액수의 팁을 주었다.

이 some은 '굉장한 액수의~'라는 뜻이다.

I gave him a tip.

통상적인 액수의 팁이라면 some이라고 하지 않고 a tip이라고 말하는 게 보통이다.

네, 그렇게 해주십시오.

('바다가 보이는 방으로 준비해 드릴까요?'라는 말에)

✕ **Please do so.**

그렇게 해. 뭘 당연한 걸 묻고 그래?

'당연히 그렇게 해야지'라는 말이라도 할 것처럼 들리는 표현이다. 거만하게 들려 불쾌한 느낌을 준다.

That would be nice.

'우와~, 좋아요.' 이렇게 기뻐해 준다면, 프론트 직원도 서비스하는 보람을 느낄 것이다.

어느 쪽이든 괜찮아요.
('싱글과 더블 중 어느 쪽이 좋으세요?' 라는 질문에)

✕ I don't care.

상관없어.

아무리 손님이라고 해도 이렇게 아무렇게나 내던지는 말투는 피해야 한다. 양식이 있는 어른이라면 이렇게 말하지는 않는다.

이렇게 말하자

It doesn't matter.

'어느 쪽이든 괜찮아요' 이렇게 대답하면 아무렇게나 말을 내던지는 듯한 느낌은 사라진다. 이는 '나는 어느 쪽이든 좋아요'라는 뉘앙스로 어른스러운 여유가 느껴지는 표현이다.

따뜻한 물 좀 갖다 주세요.
(프론트에 먹을 물을 부탁할 때)

✕ I need hot water.

샤워기가 고장 났어요.

네이티브가 이 말을 들으면 샤워기가 고장이 난 것으로 착각할 가능성이 크다. 그래서 I'll have someone repair it right away.(바로 수리할 사람을 보내겠습니다.)라는 답변이 돌아올지도 모른다.

I need hot water for coffee(tea).

어디에 쓸 것인가를 분명히 전달한다. 그러면 완벽한 표현이 된다.

어느 정도 걸리나요? (룸서비스 대기 시간을 물을 때)

✕ How long will it take?

이렇게 들린다

정확한 소요 시간을 알려주십시오.

이렇게 물으면 네이티브는 초 단위까지 정확한 소요 시간을 대답해주어야 한다는 압박감을 느끼게 된다. 직원은 아마 I don't know for sure.(정확하게는 대답하기 어려운데요…….) 하고 머뭇거리며 대답할지도 모른다.

이렇게 말하자

About how long will it take?

대략적인 소요 시간을 묻는 것이라면 문장 앞머리에 about를 붙여서 묻는 것이 일반적이다.

목욕 가운이 모자라요.

✕ There isn't a bathrobe.

이렇게 들린다

목욕 가운이 1벌도 없어요!

There isn't a single bathrobe.라고 말하는 것과 마찬가지다. 즉, '1벌도 없다'라는 뜻이다.

이렇게 말하자

There's a bathrobe missing.

There's a ~ missing.이라고 표현하면 '~이 1개 모자라다'라는 의미가 된다. 알아두면 편리하므로 기억해 두자.

방 청소를 부탁합니다.

✕ Will you clean my room?

꼭 방을 청소한다고 약속하는 거죠?

Will you~?는 어떻게든 약속을 받아내려고 할 때 자주 쓰는 표현이다. '~해주는 거죠? 약속해요'와 같은 뉘앙스다. 호텔 직원에게 이런 식의 말을 한다면 Of course. That's my job.(물론이죠. 저의 일이니까.)이라고 언짢은 소리를 들을지도 모른다.

Would you clean my room?

Would you~?라고 하는 것이 자연스럽다.

화장실이 막혔어요.

✕ The toilet is clogged.

화장실이 막혔잖아! 관리를 어떻게 하는 거야?

일방적으로 클레임을 걸고 있는 느낌이다. 정말 자기 잘못은 없는 것일까?

이렇게 말하자

It seems that the toilet is clogged.

It seems that~(~인 것 같은데요.)를 문장 앞에 붙이면 한결 부드러운 느낌이 든다. 같은 말을 하더라도 이 정도 마음의 여유는 갖고 말해야 할 것이다.

세탁이 끝나면 방 앞에 놓아두세요.

✕ Please leave the laundries at my door.

세탁소를 방 앞에 놓아두세요.

the laundries라고 복수로 말하면 '세탁물'이 아닌 '세탁소'의 의미가 된다. 세탁소는 들고 운반할 수 없다.

Please leave my laundry at my door.

단수로 my laundry라고 해야 한다.

컴퓨터는 있습니까?

✕ I need to use computer.

이렇게 들린다

컴퓨터라는 상품이 필요하다.

a를 붙이지 않고 use computer라고 하면 computer가 상품명처럼 들려버린다. 이처럼 a나 the를 잘못 사용하여 뉘앙스와 의미가 달라지는 경우가 있으므로 주의가 필요하다.

I need to use a computer.

속이 안 좋은데, 의사 좀 불러주세요.

✕ I feel sick. Could you call me doctor?

속이 안 좋아. 나를 의사라고 불러.

Could you call me～?는 '나를 ～라고 불러주겠습니까?'라는 의미다. 제1권에서 여러 번 강조했지만, 여전히 많은 사람이 이와 같은 실수를 하고 있다.

I feel sick. Could you call me a doctor?

이 a가 중요하므로 잊지 말도록 하자. 의사를 부를 때도 call로 O.K.

이 근처 어디에 재미있는 곳이 있어요? (호텔 안내 직원에게)

✕ Is there anything to do around here?

이런 곳에서 뭐 할 만한 게 있겠어?

재미있는 일 따위 있을 리가 없다고 단정 짓는 것처럼 들린다.

Do you have a suggestion for something to do?

이 앞에 I have some free time.(시간이 조금 있는데)이라는 말을 붙이면 더욱 좋다.

Where's the most interesting place to go around here?

'이 근처에서는 어디가 가장 재미있나요?'라는 의미다.

레스토랑 예약을 부탁할 수 있을까요? (호텔 안내 직원에게)

✕ I want you to make restaurant reservations for me.

이렇게 들린다

레스토랑에 예약을 넣어!

이런 상황에서 I want you to~라는 표현은 피해야 한다. 이것은 '~하시오', '너는 ~을 해라'와 같은 뜻으로, 매우 오만한 뉘앙스로 들리는 표현이다. 상식이 있는 어른이라면 이렇게 말하지는 않을 것이다.

Do you think you could make restaurant reservations for me?

Do you think you could~?(~을 부탁할 수 있을까요?)라는 표현을 쓴다. 점잖은 느낌이 드는 표현이므로 사용하면 좋다.

그 여행사는 비싸지 않나요? (호텔 안내 직원에게)

✕ Is that a reasonable travel agent?

이렇게 들린다

그 여행사는 상도덕을 잘 지킵니까?

이렇게 말하면 그곳이 정직한 여행사인지 어떤지를 묻고 있는 것처럼 들린다. 여기서는 reasonable의 사용법에 주의해야 한다.

이렇게 말하자

Are the prices at that travel agent reasonable?

price(가격)라는 단어를 같이 사용하면 reasonable을 '가격이 적당한', '그다지 비싸지 않은'이라는 의미로 사용할 수 있다.

빨리 예약하고 싶은데요. (호텔 안내 직원에게)

✕ I'd like a reservation soon.

잠시 후에 예약을 하고 싶다.

soon은 '잠시 후에', '머지않아'라는 뉘앙스로 쓰이는 경우가 많다. 따라서 이렇게 말하면 그다지 서두르는 것처럼 들리지는 않는다.

I'd like a reservation as soon as possible.

급하게 부탁하는 것이라면 as soon as possible을 쓴다.

혼자서 투어에 참가할 수 있습니까?

✕ Can I go to the tour alone?

혼자서 투어까지 가도 됩니까?

tour가 장소처럼 들리기 때문에 부자연스럽다.

Can I go on the tour alone?

go on the tour(투어에 참가하다)라는 이 표현을 외워두자. 전치사는 on.

한국어를 할 수 있는 사람이 있습니까?

✕ Korean speaker, please.

이렇게 들린다 한국어 할 줄 아는 사람을 불러와!

please를 붙이면 무엇이든 정중한 표현이 될 것이라고 생각한다면 큰 실수다. 잘 못 사용하면 이렇게 건방진 말이 되어버리기 때문이다.

Does anyone speak Korean here?

이렇게 묻는다면 아무 문제가 없다.

내 앞으로 온 메시지는 있습니까?

✕ Is there any message for me?

이렇게 들린다 나에게 전할 말이 하나도 없습니까? 정말요?

'하나라도 좋으니 말해 보세요, 없어요?'와 같은 뉘앙스다. 어딘가 필사적으로 대답을 원하는 것처럼 들려 부자연스럽다. 메시지가 없으면 곤란한 이유라도 있다는 말인가?

Are there any messages for me?

Are there any～s～?라고 복수형으로 물어야 자연스럽게 들린다.

국제전화 거는 방법을 가르쳐주세요.

✕ **How can I make an overseas call?**

국제전화를 어떻게 걸라는 거야! 못 해!

How can I～?는 다소 포기하려는 것처럼 들리는 표현이다. 직원이 Please calm down.(손님, 침착하세요.) 등의 말을 하며 진정시켜줄 것만 같다.

How do you make an overseas call?

How do you～?의 표현이 매우 자연스럽게 들린다.

아니요. ('오늘 체크아웃하십니까?' 라는 질문을 받았을 때)

✕ **No.**

아니! 아니라니까!

정색을 하고 부정하고 있는 것처럼 들린다.

Nope.

Nope은 No를 경쾌한 느낌으로 말한 것이다. 매우 친근감 있게 들리기 때문에 호텔 직원과 잡담을 하는 등, 밝은 분위기 속에서 사용하기에 알맞은 표현이다. 발음은 '노웁'이라고 한다.

프론트에서 만납시다.

✕ **I'll meet you at the reception.**

이렇게 들린다

파티에서 만납시다.

reception이라고만 표현하면 피로연이나 환영회 같은 파티를 말하는 것인가 하는 착각을 불러일으킨다. 어쩌면 상대는 What party?(어? 무슨 파티?) 하고 눈을 동그랗게 뜰지도 모른다.

I'll meet you at the reception desk.

프론트는 reception desk라고 말해야 한다.

아무 것도 훔치지 않았어요.

(뭔가 2개가 없어져 의심 받았을 때))

✕ **I didn't steal both of them.**

이렇게 들린다

1개밖에 훔치지 않았어.

'2개 다는 훔치지 않았다'라고 말하는 것처럼 들린다. 결국, 1개는 훔쳤다는 뜻이 된다. 이렇게 말했다가는 경찰에 불려가도 할 말이 없다.

이렇게 말하자

I didn't steal either of them.

'아무 것도 훔치지 않았다'라고 말하는 것이라면, 반드시 either of them이라고 말해야 한다.

이 요금은 쓴 기억이 없는데요.

✕ I don't know this charge.

이 요금은 아는 사람이 아닙니다.

I don't know~는 '~는 아는 사람이 아니다'라는 의미로 사용하는 것이 일반적이다. 예를 들면, I don't know John Smith.(존 스미스는 모르는 사람입니다.) 등과 같이 사용한다.

I don't know what this charge is for.

I don't know what ~ is for.(~이 무엇인지 모르겠습니다.)라는 표현을 외워두자.

I didn't steal both of them.
5

출발은 몇 시입니까? (가이드에게)

✕ **When are we going to leave here?**

이런 곳에 오래 있을 필요는 없어!

빨리 돌아가고 싶어서 견딜 수가 없다는 말이라도 하고 싶은 것처럼 들린다. 이렇게 말한다면 애써 데리고 온 가이드도 맥이 풀릴 것이다.

When will we be leaving?

이렇게 묻는다면 불필요한 오해의 뜻은 사라진다.

이 도시의 지도를 주세요.

✕ **Please give me the map of the city.**

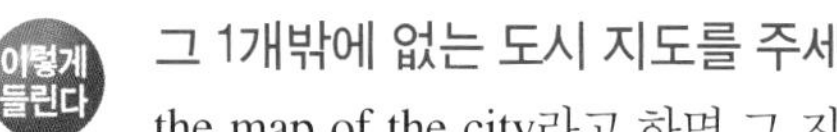

그 1개밖에 없는 도시 지도를 주세요.

the map of the city라고 하면 그 지도는 이 세상에 1개밖에 없는 것이 된다. 그런 귀중한 지도를 쉽게 줄 수는 없을 것이다.

Could I have a map of the city?

이 경우에는 map에 붙이는 관사를 the가 아닌 a로 하는 것이 맞다.

보러 갑시다.

✕ Let' s go and see.

확인해 보자.

이렇게 말하면 '확인해 보자'라는 의미가 되어 단순히 '보러 가다'라는 뜻과는 뉘앙스가 조금 달라진다.

Let's go and see it.

마지막에 it을 붙인다. 그러면 '보러 가자'의 뜻이 된다. 이 한 단어가 있는 것과 없는 것에는 큰 차이가 있다.

도서관은 어디에 있습니까?

✕ Where is the library?

도서관은 어디 있는 건데?

친구나 가족이라면 몰라도, 처음 보는 사람에게 사용하기에는 실례의 표현이다.

Could you tell me where the library is?

문장 앞에 Could you tell me~를 붙인다. 가능한 한 정중한 말씨를 쓰려고 노력하자. Would you know where the library is?라고 해도 O.K.

간단한 한마디 | 기내에서 | 공항 | 택시, 교통수단 | 호텔, 숙박 | 외출 | 쇼핑 | 레스토랑 | 단기 체류 | 단기 유학 | 커뮤니케이션

동물원에 가보지 않을래?

✕ How about go to the zoo today?

음, 이거 어때? 동물원에 가!

How about과 Go to the zoo today가 각기 다른 문장처럼 들린다.

How about going to the zoo today?

How about 뒤의 동사는 -ing형으로 한다. 그러면 '~해보는 건 어때?', '~을 해보지 않을래?' 하고 가볍게 묻는 말이 된다.

피크닉 갔다 올게요.

✕ We are going to a picnic.

이렇게
들린다

'피크닉'을 보러 갔다 오겠습니다.

to a picnic이라고 하는 부분이 문제가 된다. 이것은 go to a movie(영화를 보러 가다) 등과 같이 말할 때 쓰는 표현이다. 이렇게 말하면 '참가하다'라는 뉘앙스는 전달되지 않는다. 그러고 보니 '피크닉'이라는 영화가 있기는 하다.

We are going on a picnic.

on a picnic은 상투어처럼 쓰이는 문구다. 이렇게 하면 피크닉에 참가한다는 의미가 된다.

우체국은 어디에요?

✕ Please show me where the post office is.

이렇게 들린다

우체국까지 데려고 가줘!

Please show me where the ~ is.는 목적지까지 안내받을 때 쓰는 표현으로서, 이렇게 말하면 뻔뻔한 사람이라고 여겨질지도 모른다.

Could you tell me how to get to the post office?

Could you tell me how to get to~?라고 하면 '~은 어디입니까?'라고 물을 때 쓰는 자연스러운 표현이 된다. 이것이 네이티브 영어다.

영화관에 갔어요.

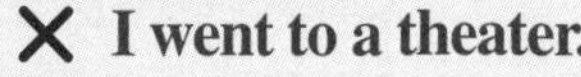

✕ I went to a theater.

연극 공연장에 갔어요.

theater는 '연극 공연장'을 뜻하며, 영화는 상영하지 않는다.

I went to a movie.

go to a movie를 관용표현으로 외워두자.

해변에는 어떻게 가죠?

✕ How am I able to go to the beach?

이렇게 들린다

해변 같은 데를 어떻게 가라는 거야!

How am I able to~?에는 '내가 ~같은 것을 할 수 있을 리가 없잖아!'라는 뉘앙스가 들어 있다. 마치 시비를 걸려고 반론하는 듯한 느낌이다. How can I ~?라고 해도 같은 뉘앙스가 된다.

이렇게 말하자

How do you get to the beach from here?

How do you~?를 사용하면 불필요한 오해의 뜻이 사라진다. go가 아닌 get을 사용한다는 것도 중요 포인트다.

테니스 코트 예약을 하고 싶은데요.

✕ I'd love to reserve a tennis court.

예약을 할 수 있다면 너~무 좋겠다!

테니스 정도의 일로 이렇게 야단스러울 것까지 있겠는가?

I'd like to reserve a tennis court.

네이티브에게 익숙한 표현 I'd like to~를 사용한다.

박물관에 가고 싶은데요.

✕ **I want to go to museum.**

박물관이라는 곳에 가고 싶어요.

관사를 붙이지 않고 go to museum이라고 하면 museum이 지명처럼 들린다. 예를 들면, I want to go to New York.(뉴욕에 가고 싶다.)와 같이 말하는 것처럼 들린다.

I'd like to go to the museum.

the를 잊지 말 것!

걸어서 갈 수 있어요?

✕ **Can I take a walk from here?**

이 주변부터 산책할 수 있습니까?

take a walk는 '산책하다'의 뜻이다.

이렇게 말하자

Can I walk from here?

walk만 써도 O.K. 이렇게 말하면 '거기까지 걸어갈 수 있습니까?'의 뜻이 된다.

여기 살지 않아서 모르겠어요. (누군가 길을 물어왔을 때)

✕ **I don't know. I don't live here.**

글쎄, 이런 곳에 살지 않아서.

I don't know.라고 하면 다소 퉁명스럽게 들릴 우려가 있다. 가능하다면 한마디만 덧붙여 말하도록 하자.

I'm sorry. I'm not from around here.

이렇게 I'm sorry를 덧붙이면 한결 정중한 말씨가 된다.

지갑을 도둑맞았어!

✕ **My purse was taken.**

지갑을 분실했습니다.

왠지 담담하게 사실만을 진술하고 있는 느낌이 든다. 이상할 정도로 침착한 말투라 부자연스럽다.

Someone stole my purse!

주어를 someone으로 하고, steal(훔치다)이라는 단어를 사용하는 것이 포인트다. 이렇게 하면 매우 긴박감이 흐르는 표현이 된다.

사진 한 장, 함께 찍어도 될까요?

(영화배우 등 유명인에게 말할 때)

✕ Could you take a picture with us?

이렇게 들린다

당신을 빼고 우리들만 사진을 찍어도 될까요?

표현이 애매하다. 경우에 따라서는 Could you take a picture with us in it?이라고 말하는 것처럼 들리기도 한다. 상대는 사진을 같이 찍자는 것인지, 사진을 찍어달라는 것인지 얼른 판단하지 못 할 것 같다.

Could we take a picture with you?

유명인에게 사용하는 표현이다.

이제 가보겠습니다.

✕ I'm leaving.

이제 갈래!

화가 나서 돌아가려고 하는 것 같다. 느닷없이 이런 식으로 말한다면 상대는 무슨 일인가 하고 생각할 것이다.

I'd better be going now.

'이제 슬슬 가야겠네요'라고 말을 꺼내는 느낌이다.

I guess I'll be leaving.

예의바르게 느껴져 좋은 인상을 준다.

재미있었어. ('박물관 구경은 어땠어?'라는 질문을 받았을 때)

✕ It was interesting.

이렇게 들린다 뭐, 괜찮은 것 같아.

그다지 재미있었던 것처럼 들리지 않는다. 정말 재미있었다면 여기에 한마디 덧붙여보자.

이렇게 말하자 **It was really interesting.**

really를 붙여서 really interesting이라고 말하면, 마음속에서 우러나온 말처럼 들린다. 이것이 만약 유원지나 파티 등의 상황이라면 interesting이 아닌 fun을 사용하면 딱 알맞은 표현이 된다.

화장실 가고 싶어, 못 참겠어!

✕ I'm dying to go to the toilet!

이렇게 들린다 화장실 갈 일이 너무너무 기대돼~!

dying to는 분명 '매우 ~하고 싶다'라는 의미지만, 이것은 즐겁고 재미있는 일에 대하여 사용하는 표현이다. 예를 들면, I'm dying to go to Disneyland.(디즈니랜드에 너무 가고 싶어!) 등과 같이 사용한다.

이렇게 말하자 **I've gotta go to the bathroom. I can't hold it.**

gotta는 got to를 줄인 형태로 일상회화에서 네이티브가 자주 사용하는 표현이다. have를 생략하여 I gotta go to the bathroom.이라고 말해도 된다.

영화 보면서 울었어.

✕ I was crying during the movie.

영화를 한참 보는 도중, 그 일로 내내 울었어!

과거진행형으로 이야기하면 무언가 영화 이외의 일로 울고 있었던 것처럼 느껴진다. 예를 들면, I was crying during the movie because my boyfriend left me.(남자친구와 헤어져서 영화 보는 내내 울고 있었어.) 등과 같이 사용하는 것이 일반적이다.

I cried during the movie.

영화 내용 때문에 잠시 울었던 것이라면 단순과거형으로 한다.

아주 좋았어. ('영화는 재미있었어?' 라는 질문을 받았을 때)

✕ It was nice.

그저 그랬어.

'그저 그랬어', '뭐, 이 정도면 괜찮지'와 같은 뉘앙스로, 그다지 좋았다는 것 같지 않다. 네이티브라면 우선 이런 상황에서 nice를 쓰지는 않는다.

It was great.

great를 사용하면 감동이 잘 전달된다.

쇼핑하러 같이 가줄래?

✕ Could you come shopping with me?

이렇게 들린다

부탁이야! 쇼핑하러 같이 가자~!

Could you~?가 항상 정중한 의뢰 표현이라고는 볼 수 없으므로 주의해야 한다. 경우에 따라서는 정중하기보다 간절하게 부탁하는 것처럼 들려, 상대방 입장에서 부담스럽게 느껴진다.

이렇게 말하자

Can you come shopping with me?

이 경우는 could가 아닌 can을 써서 묻는 것이 훨씬 자연스럽다. 이렇게 말하면 상대방도 불필요한 부담감을 느끼지 않게 된다.

아이섀도 좀 보여주세요.

✕ Could I see eye shadows?

눈 그림자를 보여줘.

'눈 그림자'란 도대체 어떤 그림자일까?

이렇게 말하자

Could I see the eye shadows?

화장품 '아이섀도'를 보여달라고 말할 때는 관사 the를 넣는 것을 잊지 말자.

샤넬은 어디에 있나요?

✕ Where is Chanel's boutique?

이렇게 들린다 샤넬 씨의 가게는 어디입니까?

Where is ~'s boutique?라고 말하면 Chanel이 브랜드명이 아닌 사람 이름으로 들린다. 그렇기 때문에 '샤넬 씨의 가게'라는 뉘앙스가 되어 부자연스럽다. 이는 매우 흔한 표현의 실수다.

이렇게 말하자 **Where is the Chanel boutique?**

'샤넬 숍'이라고 말할 생각이라면 Chanel boutique라고 하는 것이 일반적이다.

스카프는 몇 층에 있습니까?

✕ Which floor has scarves?

이렇게 들린다 어느 층이 스카프를 갖고 있습니까?

무심코 생각하기에 have(has)라는 단어를 쓸 것 같지만, 네이티브는 이렇게 표현하지 않는다. 이렇게 말하면 어느 층이 스카프를 갖고 있냐는 의미밖에 되지 않는다.

What floor are the scarves on?

What floor is(are) ~ on?(~은 몇 층입니까?)이라는 표현을 외워 두자.

담배 2갑 주세요.

✕ **I'd like two cigarettes.**

담배 2개비 주세요.

two cigarettes는 '담배 2개비'의 뜻이다. 요즘 세상에 담배를 낱개로 파는 곳은 없을 것이다.

I'd like two packs of cigarettes.

'담배 2갑'은 two packs of cigarettes라고 말해야 한다.

새우 3마리 주세요. (생선매장에서)

✕ **Can I have three shrimps?**

아무거나 좋으니까 새우 3마리 줘요.

언뜻 보면 문제가 없는 것 같지만, 이런 상황에서 사용하기에는 왠지 부자연스럽다. 새우라면 무엇이든 상관없다고 말하는 것처럼 들리기 때문이다. 만약 네이티브라면 좀 더 구체적으로 주문을 할 것이다.

Can I have three of those shrimps?

사고 싶은 것을 손가락으로 가리키며 이렇게 표현해야 자연스럽다.

감기약이 필요한데요.

✕ I need cold medicine.

감기약을 왕창 사들이고 싶다.

감기약을 대량으로 사들일 것처럼 들리는 표현이다. 장사라도 시작할 셈인가?

I need some cold medicine.

some을 붙이면 의미가 달라져 양이 한정되기 때문에 자신이 복용하기 위한 것임을 알 수 있다.

메모장은 있어요?

✕ Do you have a writing pad?

당신, 메모장 소지하고 있어?

이렇게 말하면 개인적으로 소유하고 있는지 어떤지를 묻는 표현이 된다. 물건을 살 때 가장 많이 틀리기 쉬운 사례다.

Do you have any writing pads?

상점에서 물건이 있는지를 묻는 것이라면 Do you have any ~s?라는 표현을 쓰는 것이 자연스럽다. 기본적인 표현이므로 외워두도록 하자.

아니요, 특별히~ ('찾으시는 것 있으세요?' 라는 말을 들었을 때)

✕ **No.**

아무것도 찾는 거 없어요!

점원은 Then, why are you here?(그럼, 왜 왔지?!)라고 말하며 화를 낼지도 모른다.

No, I'm okay.

'아니요, 특별히~', '아니요, 괜찮아요'와 같은 뉘앙스다. 이렇게 말한다면 점원도 웃는 얼굴로 그 자리를 떠날 것이다.

No, nothing particular.

particular는 '특정한'의 뜻이다. 직역하면 '아니요, 특별히 정한 것은 없어요' 즉, 바꿔 말하면 '아니요, 특별히~'의 뉘앙스다.

만져봐도 되나요?

✕ **Can I touch this?**

주물러봐도 되나요?

'만져보다'라는 뜻으로 말할 생각에서 무심코 touch라고 써버리기 쉽지만, 이는 '주물러보게 해줘요'라고 말하는 것처럼 들려 부자연스럽다. 소재의 감촉이라도 찬찬히 확인해 보려는 것일까?

Is it okay if I look at it?

손에 들고서 보고 싶을 때 잘 사용하는 표현이다.

Can I see it?

이것도 O.K. 직역하면 '봐도 됩니까?'가 되지만, 실제로는 '(손에 들고) 봐도 될까요?'의 뉘앙스다.

Can I hold it?

이 표현도 자주 사용한다.

보여주시겠어요?

(액세서리 매장에서 '18K입니다' 라는 말을 들었을 때)

✕ **Could you show me?**

증명할 수 있으세요?

이렇게 말하면 Could you show me that it's 18 karat gold?(그것이 18K라는 것을 증명해 주세요.)라고 말하는 것과 마찬가지다. 고급 일류 매장에서 이런 말을 무심결에 던진다면 큰 망신일 것이다.

Could you let me look at it?

Do you mind if I look at it?

'(쇼 케이스에서 꺼내서) 보여주시겠어요?'의 뉘앙스다. 이런 상황에서의 표현으로 가장 적절하다.

어깨 폭이 크네요.

✕ You have a big shoulder.

어깨 한 쪽이 왠지 큰데요.

도대체 어떠한 체형을 갖고 있는 것일까? 여하튼 좋게 들리는 말은 아니므로 주의하자.

You have big shoulders.

어깨는 양쪽에 있기 때문에 복수형으로 말한다.

마음에 들어요.

✕ I like it.

그저 그래요.

말투에 따라 뉘앙스가 달라지겠지만, 정말로 좋아서 그렇게 말하고 있는 것처럼 들리지는 않는다.

I do like it.

I really like it.

do나 really를 넣기만 해도 속마음이 훨씬 더 잘 표현된다.

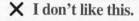

이것은 제 취향이 아니에요. (점원이 권한 상품을 거절할 때)

✕ I don't like this.

이건 싫어!

마치 좋고 싫음이 심한 아이가 투정을 부리는 듯이 들린다. 이 말을 어른이 사용한다면 빈축을 사도 할 말이 없다.

이렇게 말하자

I don't care much for this.

care for는 '~을 바라다', '~을 좋아하다'의 뜻. I don't care much for this라고 하면 '이것은 찾는 것이 아니에요', '별로 좋아하는 것이 아니라서'와 같은 부드러운 거절 표현이 된다. 상대를 배려하는 느낌이 드는 세련된 표현이다.

조금 더 싸게 안 돼요?

✕ Could you give me a more reasonable price?

이렇게 들린다

좀 더 상식적인 가격으로 해줘요.

reasonable을 잘못 사용하는 사람이 의외로 많다. 이것은 '이 가격은 reasonable(정당한 가격)이 아니다'라고 불만을 말하고 있는 것이나 다름없다. reasonable을 사용할 수 있는 것은 That's reasonable.(그 가격이라면 불만은 없어요.) 등과 같이 말할 때다.

Could you give me a little better price?

이렇게 말하면 품격이 떨어지는 일 없이 가격 교섭을 할 수 있다.

잘못된 것 같은데요? (거스름돈이 부족할 때)

✕ You made a mistake.

당신, 틀렸잖아!

지나치게 일방적으로 다그치는 것처럼 들린다. 상대방도 고의로 실수한 것은 아닐 테니 표현에 주의를 기울이자

이렇게 말하자

This doesn't seem right.

'이거 잘못된 것 같은데요'라는 의미다. 이 정도의 표현으로도 충분한 지적이 된다.

다음에 올게요.

✕ I'll try some other time, I think.

다음에 할까? 어떻게 하지~.

이처럼 think를 문장 끝에 두면 매우 애매한 인상을 남기게 된다.

이렇게 말하자

I think I'll try some other time.

think를 문장 앞으로 옮겨놓으면 문제없다. '다음에 올게요', '나중에 올게요'라며 자연스럽게 발길을 옮기는 표현이다.

가게는 몇 시부터인가요?

✕ What is your open time?

언제 쯤 한가해?

점포의 영업시간이 아닌 상대방의 시간이 어떤지를 묻는 것 같다. 추파라도 던질 생각인가?

What time do you open?

영어에서는 '몇 시에 가게를 엽니까?'라고 묻는다.

What are your (business) hours?

여기서 hours는 '영업시간'의 뜻이다.

영업시간을 알려 주세요.

✕ What is your business hour?

영업하는 1시간은 언제입니까?

영업시간이 하루에 1시간밖에 안 되는 가게처럼 들린다. 도대체 무슨 장사를 하는 것일까?

What are your (business) hours?

복수형으로 물어야 자연스러워진다.

쇼핑하러 갔어요.

✕ I went to shopping.

'쇼핑'이라고 하는 장소에 갔습니다.

I went to(I go to)의 뒤에는 장소(지명)가 오게 되어 있다.

I went shopping.

to는 필요 없다.

60만 원어치 달러 주세요.

✕ May I have US dollar for 600,000 won.

60만 원을 1달러와 바꿔주세요.

'1달러'의 뜻이 되어 버리므로 dollar를 단수로 쓰지 않도록 한다. 단수는 예를 들어, Can I have dollar?(1달러 주세요)와 같은 상황에서 쓴다.

I'd like 600,000 won in dollars.

I'd like ~ won in dollars.(~원을 달러로 바꾸고 싶다)라는 표현을 쓰면 뜻이 확실하게 전달된다.

알아서 해주세요.
(환전소에서 '지폐는 어떻게 하시겠습니까?' 라는 질문을 받았을 때))

✕ I'll leave it for you.

당신한테 줄게요.

'알아서 해주세요'라고 말할 셈이었다면 전치사가 잘못 사용됐다. 이렇게 말한다면 '돈은 당신에게 두고 가겠습니다'의 뜻이 된다.

이렇게 말하자

I'll leave it to you.

이렇게 하면 '알아서 해주세요'라는 뜻이 된다. 전치사는 for가 아닌 to로 써야 맞다. 전치사 하나로 의미가 완전히 달라지니 반드시 주의가 필요하다.

I'll leave it up to you.

leave it up to~(~의 판단에 맡기다)라는 표현도 기억해두자.

소액권으로 바꿔주세요.

✕ Can you break this into small money?

이렇게 들린다

이 지폐를 찢어서 작게 해줘요.

'소액권으로 바꾸다'라고 말하고 싶을 때, break into라는 표현을 사용하면 의미가 전혀 달라지기 때문에 주의해야 한다. 돈을 찢는다면 벌을 받을 테니 말이다.

Can you give me small bills?

간단하게 give me small bills라고 하면 O.K.

여행자 수표를 현금으로 바꿔주세요.

✕ Cash a traveler's check, please.

이렇게 들린다

아무거나 좋으니까 여행자 수표를 현금으로 바꿔줘요!

a가 문제다. Cash a traveler's check.라고 하면 '아무거나 좋으니 여행자 수표를 1장 현금으로 교환해 달라'라는 이상한 문장이 된다. 마치 많은 것들 속에서 상대에게 좋아하는 것으로 1장 골라달라고 말하고 있는 것 같다.

Could you cash this for me?

간단하게 이것으로 O.K.!

새로운 한국 식당에서 점심을 먹읍시다.

✕ Let's have lunch at new Korean restaurant.

'뉴코리안 레스토랑'이라는 식당에서 점심을 먹읍시다.
'New Korean Restaurant'이라는 이름의 레스토랑으로 여겨진다.

이렇게 말하자

Let's have lunch at that new Korean restaurant.

that을 넣어서 that new Korean restaurant이라고 하면 레스토랑의 이름으로 들리지도 않고 영어로서도 자연스러운 표현이 된다.

여기는 어떤 레스토랑입니까?

✕ What kind of a restaurant is this?

이렇게 들린다

터무니없는 레스토랑이군!

What kind of ~ is this?라는 표현은 화내는 것처럼 들릴 우려가 있기 때문에 주의가 필요하다. 이런 표현은 예를 들어, 상사가 부하에게 What kind of report is this?(이런 걸 보고서라고 제출한 거야?)와 같은 경우에 쓴다.

What type of restaurant is this?

What type of food do you serve?

kind를 type로 바꾸기만 하면 뉘앙스가 많이 누그러진다.

네, 그렇게 하죠. ('저녁 같이 할래요?' 라는 말을 들었을 때)

✕ Yes, I would like to.

이렇게 들린다 가고 싶은데 안 돼요.

Would you like to join us for dinner?(저녁 같이 하지 않을래요?) 라는 질문에 이 대답은 사실 응낙이라기보다는 거절하고 싶을 때 많이 사용하는 표현이다. '가고 싶은 마음은 굴뚝같은데~' 하고 말을 얼버무리는 느낌이다.

Yes, I'd love to.

매우 기뻐하면서 응하는 느낌이다.

예약을 취소하고 싶습니다만.

✕ Can you cancel the reservations?

이렇게 들린다 예약을 취소하는 것도 가능합니까?

이는 취소가 가능한지 어떤지를 묻는 표현이므로, 이것만으로는 예약 취소를 부탁하는 것이라고 할 수 없다.

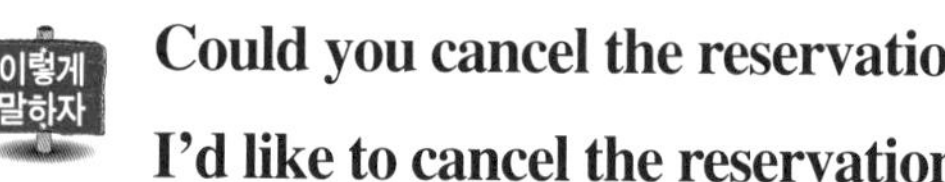

Could you cancel the reservations?

I'd like to cancel the reservations.

Could you~? 대신 Would you~?를 써도 O.K.

물품보관소는 있습니까?

✕ **Is there a cloak?**

망토는 있습니까?

cloak만 쓰면 뜻이 통하지 않는다. 영어에서 cloak은 '망토'의 뜻이다.

Is there a cloakroom?

호텔이나 레스토랑의 물품보관소는 영어로 cloakroom이다.

기다려야 합니까? (자리가 꽉 찬 레스토랑 입구에서)

✕ **Do I have to wait?**

기다려야 돼?

매우 기다리기 싫어하는 것처럼 들려서 어른스럽지 못하다.

Do I need to wait?

Do I need to~?(~해야 합니까?)라는 표현이 가장 좋다.

아직 정하지 못했어요. (웨이터가 메뉴를 결정했는지 물을 때)

✕ We're not ready.

재촉하지 마!

마치 주문 받으러 온 사람을 '이렇게 빨리 주문 받으러 오면 어떻게 해?' 하고 나무라는 것처럼 느껴진다.

이렇게 말하자

We're not quite ready.

quite를 붙이기만 해도 훨씬 부드러운 느낌이 들어, '아직 정하지 않았어요', '좀 더 기다려주세요'와 같은 뉘앙스가 된다.

주문해도 될까요?

✕ We' re ready for our order.

이렇게 들린다

빨리 가져와.

이것은 주문한 후에 '(우리가) 주문한 요리를 기다리고 있는데요', '주문한 요리는 언제 나오나요?'라고 재촉하는 뉘앙스의 표현이다.

We're ready to order.

'주문하겠습니다', '주문해도 될까요?' 하고, 주문할 준비가 되어 있다고 말하는 것이라면 be ready to order라는 표현을 쓴다.

저 자리에 앉아도 됩니까?

✕ Is that seat okay?

저 자리, 부서져 있는 건 아니죠?

이렇게 말한다면 그 의자가 튼튼한지 걱정하는 것처럼 들린다. 아무데서나 okay로 말을 끝내는 습관은 버려야 한다.

Can I sit in that seat?

sit in that seat는 그대로 외워두자. 전치사는 in.

메뉴를 부탁합니다.

✕ Please show me the menu.

메뉴를 보여주는 것만으로도 좋으니, 한 번 보여주세요.

'보이다' 라고 하면 무심코 show me~라는 표현을 써버리기 쉽다. 이 말을 들은 종업원은 Okay, look.(자, 여기 메뉴에요)라고 말하며 슬쩍 보여주기만 하고 가버릴지도 모르겠다.

Can we see the menu?

We need a menu.

Can we see~?(~을 보여주세요)라는 표현을 사용한다. 혼자라면 Can I see~?로 O.K.

이것은 무슨 요리입니까?

✕ What do you call this?

이렇게 들린다 도대체 이건 뭐라고 하는 요리야?

마치 흠칫 놀라며 묻는 것처럼 들리는, 기분이 언짢아지는 표현이다. 이렇게 무례한 손님은 환영받지 못한다.

What's this called?

이렇게 말하면 자연스럽다.

포크가 없어요.

✕ There isn't a fork.

이렇게 들린다 포크가 하나도 없는데!

There isn't a ~는 '~이 하나도 없잖아!' 라는 뉘앙스의 표현이다. 마치 화를 내고 있는 것처럼 들려 나쁜 인상을 주게 되고, 또한 어른스럽지 못하게 들리므로 이런 표현은 피하자.

I need a fork.

Could I get a fork?

이렇게 말하면 품위가 있어 보일 것이다.

밥을 주세요.

✕ I would like a rice.

밥 한 톨 주세요.

a rice라고 하면 '밥 한 톨'의 뜻이 된다. 한 톨로는 위에 기별도 안 갈 것이다.

I'd like rice.

이 경우에 a는 필요 없다. 이 한 단어로 의미가 크게 달라진다.

드레싱은 뿌리지 말라고 했는데요.

✕ Didn't I tell you not to put the dressing on?

드레싱 뿌리지 말라고 했지? 금세 까먹었어?

Didn't I tell you~?는 단지 확인하는 것이 아니라 '~라고 말했을 텐데? 안 그래?' 라고 상대를 몰아세우는 뉘앙스로 사용하는 것이 일반적이다. 이렇게 불쾌감을 주는 사람은 적이 많아진다.

I'm sorry, but I asked you not to put the dressing on.

'실례합니다만, 드레싱을 뿌리지 말라고 부탁하지 않았나요?' 라는 느낌의 표현이다. 이렇게 말하면 화를 내는 것으로 들리지는 않는다.

물 좀 주세요.

✕ I'd like water.

물을 주문하고 싶은데요.

I'd like~라는 표현을 사용하면 I'd like pizza나 I'd like steak 등과 같이 주문을 하는 것처럼 들린다. 대개 물은 주문을 하지 않으므로 이 표현은 적합하지 못하다.

I'd like some water.

some을 넣으면 주문이라기보다는 부탁하는 느낌의 표현이 된다.

메론 주세요. (디저트를 주문할 때)

✕ I'd like a piece of melon.

수박 주세요.

melon이라고 해도 미국 영어를 쓰는 네이티브의 귀에는 water melon(수박)의 약어로밖에 들리지 않는다.

I'd like a piece of cantaloupe.

미국에서는 cantaloupe가 한국인이 생각하는 '메론' 이다.

나는 애플파이이요. (디저트를 주문할 때)

✕ I want a piece of apple pie.

애플파이 줘!

말투에 따라서는 퉁명스럽게 들리기 쉬운 표현이다. 가능하다면 한 단어만 덧붙여 말하길 바란다.

I'll just have a piece of apple pie.

just를 추가하는 것만으로도 훨씬 더 네이티브답고 자연스러운 표현이 된다. 이 한 단어가 큰 차이를 느끼게 한다.

I'd like a piece of apple pie.

글쎄요, 커피로 하죠.

✕ Let me see, I'll have coffee, I think.

음, 커피를 마시고 싶은 것 같은~.

I think를 문장 끝에 두면 이렇게 뜻이 애매해지기 때문에 주의해야 한다. So, you'd like coffee?(그러면 커피로 괜찮으시겠습니까?) 하고 종업원이 재차 확인을 해올 것 같은 표현이다.

Let me see, I think I'll have coffee.

Let me see는 '어디 보자', '글쎄~'와 같은 뉘앙스의 표현이다. 이렇게 하면 영어가 매우 능숙한 것처럼 들린다.

홍차를 마시고 싶은데요.

✕ I'd like to drink some tea.

홍차 마시는 것을 하고 싶다.

한국에 들어온 지 얼마 안 되는 외국인이 바로 이런 식의 한국말을 구사하는 것을 종종 볼 수 있다.

I'd like some tea.

to drink는 필요 없다.

와인 한 잔 주세요.

✕ May I order wine by a glass?

글라스로 마시는 와인은 있습니까?

와인은 원래부터 글라스로 마신다.

May I order wine by the glass?

관사는 a가 아닌 the로 써야 맞다.

맥주 주세요.

✕ I'd like some beer.

약간의 맥주를 마시고 싶다.

물이나 커피를 부탁할 때 흔히 I'd like some~이라는 표현을 쓰지만, 이것은 분량이 일정하게 정해져 있지 않을 때의 표현방법이다. 대부분이 병으로 나오는 맥주는 처음부터 그 크기가 정해져 있는 경우가 많기 때문에 이렇게 말하지 않는다. 만일 슈퍼마켓에서 한꺼번에 많은 양을 사는 것이라면 O.K.

I'd like a beer.

맥주의 경우에는 a beer라고 하는 것이 네이티브다운 표현이다.

온더록으로. (바에서 위스키를 주문할 때)

✕ On the rock.

이렇게 들린다

얼음을 1개로

무슨 말인지 이해는 하겠지만, 네이티브의 귀에는 매우 부자연스럽게 들린다.

On the rocks.

'온더록으로' 라고 주문할 때는 복수형인 rocks를 쓴다.

On ice.

혹은 간단하게 이렇게 표현해도 좋다.

얼음 넣지 마세요. (바에서 위스키를 주문할 때)

✕ **Don't put the ice in.**

얼음을 글라스에는 넣지 말고 옆에 두세요.

이렇게 말한다면 '얼음을 글라스 속에는 넣지 말고' 라는 말로 들린다. 즉, '글라스 옆에 두세요' 라는 뜻이 된다. 이런 별난 손님은 환영받지 못할 것이다.

Without ice, please.

이 표현이 가장 자연스럽게 들린다.

제 요리가 아직 나오지 않았어요.

✕ **My dishes haven't come yet.**

이렇게 들린다

내 접시가 아직 나오지 않아요.

dish가 food와 같은 뜻으로 쓰이는 것은 대략적인 '요리' 에 대해 진술할 때뿐이다. 예를 들면, She served several Chinese dishes.(그녀는 중화요리 몇 가지를 준비했다.) 등과 같이 말할 때 사용할 수 있다. 그러나 여기서는 '제가 주문한 요리' 라고 구체적으로 말하고 있기 때문에 잘못된 표현이 되고 말았다.

My order hasn't come yet.

My food hasn't come yet.

'내 주문' 이라고 한다. 이렇게 해야 완벽한 표현이 된다.

맛있었어요.

X That was a good meal.

그저 그런 맛이네요.

칭찬이라고 하기에는 부족한 느낌이 든다. good은 '좋다' 라는 의미보다는 '불합격은 아니다' 라는 의미로 많이 쓰는 단어라는 점을 기억해 두자.

That was a great meal.

이런 경우에는 great가 가장 어울린다.

That was a wonderful meal.

wonderful이라고 해도 같은 뉘앙스가 된다.

접시를 치워주세요.

X Could you clean the table?

지저분한 테이블을 청소해 주세요.

clean은 익숙한 단어이기 때문에 무심코 써버리기 쉽다. 그러나 clean은 '청소해서 깨끗하게 하다' 라는 이미지를 갖고 있기 때문에, 접시를 치워달라고만 하는 상황에서 이렇게 말하는 것은 부자연스럽다.

Could you take away these dishes?

take away these dishes(이 접시를 갖고 가다)라는 표현을 쓰는 것이 적절하다.

금연석으로 부탁합니다.

✕ I'd like a non-smoking seat.

금연석의 의자 그 자체를 부탁합니다.

한국어 감각을 그대로 영어로 표현하면 이런 실수를 하게 된다.

I'd like a non-smoking table.

한국에서는 레스토랑의 좌석에 대하여 이야기할 때 좌석 단위의 표현을 사용하지만, 영어에서는 테이블 단위로 말하는 것이 일반적이다.

계산은 얼마 나왔습니까?

✕ How much bill?

빌씨, 이거 얼마에요?

'단어만 연결하다 보면 어떻게든 되겠지'라고 생각하는 사람이 많지만, 자칫하면 이런 실수를 할 수도 있으므로 주의해야 한다. 이렇게 말하면 bill이 마치 사람 이름처럼 들린다.

How much is the bill?

'(청구서 금액이) 얼마지요?'

아니에요, 내가 낼게요. ('내가 내겠습니다' 라는 말을 들었을 때)

✕ No, I shall pay.

지불은 제가 감당하겠습니다.

이런 상황에서 I shall~로 말하면 지나치게 공치사하는 말투로 들린다.

No, let me pay.

간단하게 이것으로 O.K.

I insist. It's on me.

It's on me.는 '제가 낼게요' 라는 의미의 표현이다.

My treat.

이 표현도 자주 사용된다. It's my treat.이라고 해도 O.K.

햄버거를 먹고 싶다.

✕ I'd like to eat a hamburger.

햄버거가 자꾸자꾸 먹고 싶어!

'~을 먹고 싶다' 라고 말할 때는 eat이 아닌 have를 쓰는 것이 일반적이다. 일부러 eat~라고 말하면 '만드는 것은 흥미 없지만, 하여튼 먹고 싶다' 라고 말하는 듯한 느낌이 든다.

I'd like to have a hamburger.

이 표현이 가장 네이티브답다.

음료수는 필요 없어요.

('음료를 같이 하시겠습니까?' 라는 말을 들었을 때)

✕ I need no drink.

이렇게 들린다 음료수 같은 건 필요 없어!

I need no~라고 하면 '~같은 것은 필요 없어!' 하고 화내는 것처럼 들려서 부자연스럽다. 이렇게 말하면 종업원도 흠칫 놀랄 것이다.

이렇게 말하자 **I don't need a drink.**

I don't need~라는 표현을 사용하면 자연스럽게 거절의 의사표시가 된다.

방을 빌리고 싶은데요.

✕ **I'd like to rent a room.**

이렇게 들린다

공동으로 쓸 방 한 칸 찾고 있어요.

a room이라고 하면 아파트 안에서 화장실과 주방 등을 공동으로 쓰는 방 한 칸만을 빌려 쓰고 싶다는 말처럼 들린다. 미국에서는 방을 공동으로 쓰는 일이 흔히 있는 일이기는 하다.

I'd like to rent an apartment.

독립된 공간의 방을 찾는 것이라면, room이 아닌 apartment로 해야 맞다.

방이 모두 넓네요! (홈스테이할 집의 안내를 받으며)

✕ **I'm impressed with big rooms.**

이렇게 들린다

나는 넓은 방을 보면 감동하곤 합니다.

관사를 붙이지 않고 big rooms라고 해버리면 아무 제한도 따르지 않기 때문에 '나는 큰 방에 감동한다'라는 뜻이 된다. 따라서 이 말은 큰 방을 좋아하는 자신의 방 취향을 말하는 것처럼 들린다.

I'm impressed with the big rooms.

the를 잊지 말자.

아이 돌보는 아르바이트를 합니다.

✕ I'd like to work to babysit for money.

이렇게 들린다 돈을 받고 아이를 돌볼 수 있도록 힘쓰고 싶습니다.

work to는 '~하기 위해 힘쓰다', '~에 임하다'라는 뜻으로 사용하는 것이 일반적이기 때문에, 이렇게 말하면 의미가 이상해진다. 본래는 You'll have to work to finish on time.(시간 내에 끝날 수 있도록 힘써 주십시오.) 등과 같이 쓴다.

이렇게 말하자 **I'd like to babysit for money.**

work to는 필요가 없다. babysit를 '아이를 돌보다'라는 의미의 동사로 사용할 수 있기 때문이다.

냉장고에 제 것을 넣어도 괜찮습니까?

✕ Could I use a refrigerator?

이렇게 들린다 냉장고를 하나 써도 될까요?

a를 넣어서 a refrigerator라고 말하면 '냉장고 한 대'라는 뉘앙스가 된다. 이는 냉장고를 따로 쓰고 싶다는 의미가 되어 매우 부자연스럽다.

이렇게 말하자 **Could I use the refrigerator?**

the refrigerator라고 한다.

1월 31일까지는 먹어야 합니다. (유통기한을 확인하고)

✕ I need to eat this until January 31st.

1월 31일까지 계속해서 먹어야 합니다.

until은 '~까지 계속'이라는 뜻으로, 동작이 계속되고 있는 경우에 사용한다.

I need to eat this by January 31st.

'~이내에'라고 말하는 것이라면 by라고 해야 맞다.

목욕할 수 있는 시간대는 언제입니까?

✕ When can I use the bathroom?

이렇게 들린다

언제 화장실에 가면 되죠?

bathroom에는 '욕실'이라는 의미도 있지만, 네이티브가 이 말을 듣고 가장 먼저 떠올리는 것은 '화장실'이다.

이렇게 말하자

When's the best time to take a bath?

When's the best time to~?(~하려면 언제가 좋습니까?)라는 표현을 사용하면 좋다. 좀 더 구체적으로 take a bath(목욕하다)라는 표현을 사용하면 더욱 명확할 것이다.

물을 어떻게 데우는지 알려 주세요.

✕ **Please teach me how to boil water.**

이렇게 들린다 물 데우는 방법을 지도해주십시오.

분명 teach에는 '가르치다' 라는 뜻이 있다. 하지만 이것은 무언가를 습득하는 데 있어 어느 정도의 노력이 필요할 경우에 사용하는 게 일반적이다. 겨우 뜨거운 물을 쓰는 정도의 일로 사용하기에는 부자연스럽게 들린다.

How do you boil water?

How do you～?(～는 어떻게 하는 것입니까?)라는 표현이 깔끔하고 좋다.

샤워기와 욕조의 사용법을 알려주세요.

✕ **Please teach me how to use the shower and the bathtub.**

이렇게 들린다

사워기와 욕조의 사용법을 철저히 알려주세요.

앞에서도 언급했듯이 teach라는 말은 '세밀하게 교육하다', '시간을 들여 가르치다' 의 뉘앙스가 강해서 욕실 사용법 정도의 일로는 사용하지 않는다. 이것은 예를 들어, He taught me Spanish.(그는 내게 스페인어를 가르쳐주었다.) 등과 같이 사용하는 것이 일반적이다.

Could you show me how to use the shower and the bathtub?

Could you show me how to use～?(～의 사용법을 가르쳐주세요.)라는 표현이 가장 자연스럽다.

잘 먹겠습니다.

('직접 만든 피자인데 한 조각 먹어볼래요?' 라는 말을 들었을 때)

✕ Okay, I'll try.

노력해서 어떻게든 먹어보죠.

마지못해 먹는 느낌이 그대로 나타나 있다. 상대는 속으로 You don't have to.(억지로 먹지 않아도 돼!)라고 말하고 싶을 것이다.

이렇게 말하자

Okay, I'll try it.

it를 붙여서 I'll try it.라고 하면 의미가 완전히 달라져 마지못해 먹는다는 느낌은 사라지고, 보통 말하는 '그럼, 먹어 볼까?' 라는 뉘앙스가 된다. 가볍게 응하는 말로 적절한 표현이다.

커피는 별로 안 좋아해서.

✕ I don't like coffee.

커피 같은 건 싫어!

너무나 거침없는 말투다. 무엇이든 분명하게 말한다고 해서 좋은 것은 아니다.

I don't care much for coffee.

I don't care much for~는 '~는 별로 좋아하지 않기 때문에', '~는 좀 싫어해서' 와 같은 뉘앙스의 표현이다. 이런 사려 깊고 어른스러운 표현은 반드시 외워두기 바란다.

도와드릴까요?

✕ I shall help you.

이 몸이 좀 도와드리죠.

shall은 잘못 사용하면 이렇듯 잘난 척하는 것처럼 느껴진다. 거만을 떠는 느낌이 들어 나쁜 인상을 줄 수 있다.

Is there something I can do?

Can I help you?

네이티브가 자주 사용하는 표현이다. '도울 일 없어요?'

계란은 어떻게 조리해 드릴까요?

✕ How would you like an egg?

이렇게 들린다

계란 어때?

How would you like~?는 '~을 드세요', '~는 어때요?' 라고 권할 때 쓰는 표현이므로, 이것은 조리 방법을 묻는 표현이라고 할 수 없다. 본래는 How would you like a cup of coffee?(커피라도 마실래?) 등과 같이 사용한다.

이렇게 말하자

How would you like your eggs?

your eggs라고 말해야 한다. 이렇게 하면 계란 조리법을 묻는 표현이 된다.

아침 식사는 필요 없어요. (호스트 가족에게)

✕ I don't want breakfast.

아침 식사는 싫어!

'필요 없다' 라는 말을 I don't want로 표현해버리면 위험하다. 사리 분별을 할 줄 모르는 어린아이이라면 모를까, 어른이 이런 표현을 쓴다면 상당히 꼴불견이다.

I think I'll skip breakfast today.

skip breakfast는 네이티브가 흔히 사용하는 표현으로 '아침을 거르다' 라는 뜻이다. 표현을 부드럽게 만드는 I think를 문장 앞에 붙이면 더욱 세련되게 들린다.

집 청소하고 있었어. ('뭐 하고 있었어?' 라는 말을 들었을 때)

✕ I was cleaning my house today.

집 청소를 하고 있었어, 그랬더니 말이야~.

과거진행형으로 대답하면 본론으로 들어가기 전의 서론만 이야기하고 있는 것으로 들린다. 이렇게 표현하면 도중에 이야기를 멈춘 듯한 느낌이 든다.

I cleaned my house today.

이같은 경우는 단순과거형으로 말하는 것이 네이티브식 영어다.

지금 외출 중입니다만. (전화에서)

✕ **He is not here right now.**

그는 정말 없다니까!

is(are) not~이라고 be동사를 줄이지 않고 말하면 부정의 뜻이 필요 이상으로 강조되어 부자연스럽다.

He's not here right now.

평소 회화에서는 be동사를 줄여서 말하는 것이 일반적이다.

그녀는 집에 있어요.

✕ **She is in a home.**

그녀는 양로원에 들어갔습니다.

be in a home은 '양로원에 들어갔다' 라는 의미의 관용표현이다.

She's at home.

'집에 있다' 는 be at home으로 한다.

말씀드릴 것이 있는데, 저는 채식주의자에요.

(파티에서 누군가 고기요리를 권할 때)

✕ For your information, I'm vegetarian.

말해 두겠는데, 난 채식주의자야.

'참고로' 라는 말을 할 생각으로 for your information이라고 하지 않도록 주의하자. 이것은 정보를 준다하기 보다는 '저기 말이야, 말해 두겠는데' 하고 시비를 거는 것처럼 보여 험악한 인상을 준다.

Actually, I'm vegetarian.

'실은, 저는 채식주의자입니다' 라고 미안한 듯이 말을 꺼내는 느낌이다. 이렇게만 말해도 뜻은 충분히 전달된다.

그녀는 일본어를 할 수 있어요.

✕ She can speak Japanese.

이렇게 들린다

그녀는 일본어로 말할 수 있기는 한데~.

네이티브는 보통 '~(언어)를 할 수 있다' 라고 말하는 상황에서 조동사 can을 잘 사용하지 않는다. 이렇게 말하면 그 뒤에 '그런데 영어는 잘 못해' 라든가, '그런데 나는 못해' 와 같은 부정의 문장이 나올 것 같은 뉘앙스가 되어버린다.

She speaks Japanese.

'그녀는 ~어를 할 수 있다' 라고 말할 때는 She speaks~라고 표현하는 것이 가장 자연스럽다.

오늘은 할 일이 잔뜩 있어요.

✕ I have much to do today.

소인은 오늘 다사다난하오.

much to do는 낡은 표현방식으로 지금은 잘 사용하지 않는다. 단, 부정문에서 I don't have much to do(할 일이 별로 없다) 등과 같이 말하는 것이라면 문제가 없다.

I have a lot to do today.

much가 아닌 a lot을 사용하는 것이 현대 영어다.

편하게 지내세요.

✕ Do what you want.

네 멋대로 해!

이것은 너무나 거칠어 보이는 말투다. '좋을 대로 해', '맘대로 해'라고 차갑게 쏘아붙이는 것처럼 들린다.

Do whatever you'd like.

what이 아닌 whatever로, 또 you want가 아닌 you'd like로 한다. 이렇게 말하면 매우 좋은 인상을 주는 한마디가 된다.

자, 어서 드세요. (홈 파티에서)

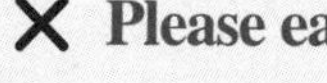

부탁이니까 제발 먹어줘.

밥먹기 싫어하는 응석받이에게 억지로 먹이려는 것처럼 들린다.

Enjoy!

Help yourself.

두 가지 모두 네이티브가 자주 사용하는 표현이다.

즐거웠어요. ('파티는 어땠나요?' 라는 질문에)

× **I enjoyed.**

내가 즐거웠던 것은~.

enjoy는 뒤에 목적어가 필요하다. 그래서 이렇게 표현하면 이야기 도중에 말을 끊어버린 것처럼 들린다.

I had a good time.

진심으로 이야기하는 것처럼 들려서 O.K.

한국에서 왔어요.

✕ I came from Korea.

나는 한국을 들러서 왔습니다.

경우에 따라서는 한국에서 왔다고 하기보다는 단지 한국을 들러서 왔다는 말처럼 들린다. 네이티브라면 분명히 다르게 표현할 것이다.

I'm from Korea.

간단하게 I'm from~이라고 한다.

한국은 6월부터 장마가 시작돼요.

✕ Korea will go into the rainy season in June.

이렇게 들린다

한국은 6월에 장마철로 들어가고 싶어 들어갑니다.

go into는 '(의식적으로) 들어가다'라는 상황에서 사용하는 것이 일반적이다. 따라서 장마는 자연현상이므로 이 표현을 쓸 수 없다.

The rainy season in Korea starts in June.

이 경우에는 간단하게 start(시작되다)라는 단어를 쓰는 것이 적절하다.

한국인은 대부분 김치를 좋아하는데, 나는 예외에요.

✕ **Most Korean like Kimchi, but I'm exceptional.**

한국인은 대부분 김치를 좋아하는데, 그렇지만 나는 정말 대단해!

'예외'라는 표현을 exceptional이라고 하지 않도록 주의하자. 이것은 예외는 예외지만 '유별나서 대단하다'라는 의미의 표현이다. 마치 의미불명의 자화자찬으로 들린다.

Most Korean like Kimchi, but I'm the exception.

'~을 제외하고'라는 의미를 가진 '예외'는 exception이다.

한국인은 저금을 잘 하는 국민입니다.

✕ **The Korean are saving people.**

한국인은 남을 돕고 있습니다.

saving people은 '구제하는 사람'의 뜻이다.

The Korean like to save money.

이 경우에는 설명하듯 표현하는 것이 가장 좋다.

몸이 나른해요. (병원에서)

✕ I'm dull.

나는 얼간이다.

dull만 써서는 '나른하다'라는 뜻이 되지 않는다. 이렇게 말하면 '머리 회전이 둔하다'는 뜻이 된다. 즉, '나는 바보다', '나는 미련하다'라고 말하는 것이나 다름없다.

이렇게 말하자

I'm feeling dull.

제대로 말하려면 feel dull이라고 말하는 것이 정답이다. 그러면 '몸이 나른하다'의 뜻이 된다.

I don't have any energy.

'힘이 없다', 바꿔 말해 '나른하다'의 뉘앙스다.

조금만 자르고 싶은데요. (미용실에서)

✕ I want to cut my hair a little.

머리를 조금만 제가 자르고 싶어요.

이렇게 말하면 자신이 머리를 자른다는 뜻이 된다.

이렇게 말하자

I'd like to have my hair trimmed a little.

'다른 사람이 머리를 잘라 주다'는 have one's hair cut. 여기서는 '조금만 자르고 싶다'라고 말하고 있기 때문에 '자라난 것만큼 자르다'라는 의미의 trim이라는 단어를 cut 대신에 사용하여, have one's hair trimmed a little이라고 말하면 완전하다.

I'd like to get my hair trimmed a little.

get으로 해도 O.K.

친구와 영화 보러 가요.

✕ I'm going to the movie theater with a friend.

이렇게 들린다

친구와 영화관 구경가요.

go to the movie theater라고 하면 영화를 보는 것이 아니라, 영화관에 가는 것이 목적인 것처럼 들린다.

I'm going to a movie with a friend.

앞서 언급했듯이 go to a movie(영화를 보러 가다)는 관용구처럼 쓰이는 표현이므로 이대로 외워두자.

결국, 한국으로 돌아갈 날이 되어버렸군요.

✕ At last, I'm going back to Korea.

이렇게 들린다 와~! 간신히 돌아갈 수 있게 됐어!

At last는 '드디어 ~의 날이 다가왔다', '마침내 기다리고 기다리던 ~날이다'의 뜻으로, 그 날이 온 것을 너무도 기뻐하며 말할 때 쓰는 것이 일반적이다. 이런 말을 듣는다면 호스트 가족은 적잖이 실망할 것이다.

이렇게 말하자 **I'm afraid I need to go back to Korea.**

문장 앞에 I'm afraid를 붙이기만 해도 유감스러운 기분을 잘 표현할 수 있다.

정말 잘 지냈습니다.

('있는 동안 즐거웠나요?' 라는 질문을 받았을 때)

✕ Yes, I was satisfied.

이렇게 들린다 네, 납득했습니다.

만족했다는 말을 할 생각으로 안이하게 satisfy라는 단어를 사용해버리지 않도록 주의하자. 이렇게 말하면 '납득했습니다'의 뉘앙스가 되어 엉뚱한 대답이 된다.

I had a really good time. Thanks.

감사의 말을 곁들이면 완벽하다.

오늘은 학교에 갔습니다.

✕ I went to my school today.

오늘은 내가 다니는 학교에 갔다.

my school이라고 말하면 다른 사람이 다니는 학교와 구별하여 말하는 것처럼 들려 어쩐지 부자연스럽다.

I went to school today.

go to school이 관용구처럼 쓰이며, my는 필요 없다.

숙제하는 것을 잊었어요. (학교에서 교사에게)

✕ I forgot doing my homework.

숙제한 것을 잊어버렸다.

forgot ~ing는 '~한 것을 잊어버렸다'의 뜻이다.

I'm afraid I forgot to do my homework.

forgot to do~로 하면 '~하는 것을 잊어버렸다'의 뜻이 된다. 그리고 I'm afraid를 문장 앞에 붙이면 미안한 듯이 말하는 느낌을 연출할 수 있다.

교과서 갖고 오는 것을 잊었어요.

✕ I didn't bring my textbook.

이렇게 들린다

교과서 따위는 두고 왔어.

일부러 집에 두고 왔다고 말하는 것 같다. 이렇게 삐딱한 학생은 미움 받게 마련이다.

이렇게 말하자

I'm afraid I forgot to bring my textbook.

앞에서도 말했듯이 문장 앞에 I'm afraid를 붙여 넣으면, 미안해하는 느낌을 전달할 수 있다. 그리고 I forgot to~(~하는 것을 잊었다)라는 표현을 써서 말한다.

선생님, 질문 있습니다.

✕ Teacher, I have a question.

이렇게 들린다

떤댕님(선생님)~, 모르겠는데요~.

교사를 Teacher라고 부르는 것은 어린 꼬마 아이들뿐이다. 나이도 먹을 만큼 먹은 어른이 이렇게 말한다면 상당히 듣기 거북할 것 같다.

이렇게 말하자

Bill, I have a question.

교실에서 항상 보아와서 잘 아는 교사라면 이름을 불러도 괜찮다. 그렇지만 고교생 정도의 나이에는 교사에게 Mr. Smith, Ms. Jones, Mrs. Green 등과 같이 경칭으로 부르는 게 보통이다.

말씀하신 내용을 이해하지 못했습니다.

✕ I don't understand your English.

그런 영어를 쓰면 이해 못하지!

현재형으로 I don't~라고 하지 말 것! 이렇게 말하면 상대방의 영어가 이상하다는 말이 되어버리기 때문에 무례하기 그지없다. 네이티브에게 그런 말을 할 이유는 없을 것이다.

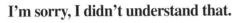

I'm sorry, I didn't understand that.

'영어를 이해할 수 없었다', '잘 못 들었다'라고 말하고 싶다면 I didn't~라고 해서 과거형으로 표현하도록 하자. I'm sorry라고 사과하는 말도 잊지 말 것!

열이 있어서 학교에 못 가겠어요.

✕ As I have a fever, I can't go to school today.

오늘 학교는 쉬었으면 하옵니다. 왜냐하면 열이 있기 때문이옵니다.

요즘에는 As~, I~와 같은 표현은 쓰지 않는다. 이상할 정도로 송구스러워하는 것처럼 들려 매우 부자연스럽다.

I have a fever, so I can't go to school today.

so를 사용하여 간단하게 뜻을 전달한다.

간단한 한마디
기내에서
공항
택시, 교통수단
호텔 숙박
외출
쇼핑
레스토랑
단기 체류
단기 유학
커뮤니케이션

수업에 갈 거야?

✕ Are you going to class or not?

수업에 나올 거야, 안 나올 거야? 도대체 어느 쪽이야?

~ or not?이라는 질문에는 '어느 쪽이야?', '어서 대답해'라는 부정적인 뜻이 담겨 있으니 주의해야 한다.

이렇게 말하자

Are you going to class?

간단하게 이렇게만 말해도 O.K.

영어를 알아들을 수는 있어요.

✕ I can hear English.

이렇게 들린다

어디에선가 영어가 들려와요.

hear는 의식하지 않아도 들려오는 상태를 의미하는 '듣다'라는 뜻의 단어다. 예를 들면, I can hear things.(환청이 들린다.), I can hear someone talking.(누군가 이야기하는 것이 들린다.) 등과 같이 쓴다.

I can understand spoken English.

I can comprehend spoken English.라고 해도 괜찮다.

영어 듣기 테스트를 했어요.

✕ I had a hearing test.

이비인후과에서 청력 검사를 했습니다.

영어의 듣기 평가를 'hearing test'로 잘못 알고 쓰는 사람이 있는데, hearing test는 이비인후과에서 하는 청력 테스트를 말한다.

I had a listening test.

영어의 듣기 평가는 listening test, 또는 listening-comprehension test라고 한다.

영어는 어려워요.

✕ English is difficult to me.

영어는 나에게 까다로워.

전치사 to가 잘 못 쓰였다. difficult to(사람)은 '~에게 까다롭다', '깐깐하다'의 뜻이다. difficult to~ 뒤에 동사를 수반하여 '~하는 것이 어렵다'의 뜻으로 쓴다면 O.K.

English is difficult for me.

여기서 전치사는 for로 해야 맞다.

English is hard for me.

영어회화 연습을 해야 해.

✕ **I have to practice to speak English.**

이렇게 들린다 영어로 말하기 위해서라면 좀 더 연습을 해야 한다.

그대로 해석하면 '연습을 해야만 하는 것은 영어로 말하기 위해서다'라는 뜻이 되어 뉘앙스가 완전히 달라져버린다.

I have to practice speaking English.

'~의 연습을 하다'라고 할 경우에는 'practice+~ing형'으로 표현한다.

벌써 두 번이나 낙제 받았어.

✕ **So far, I've failed the test twice.**

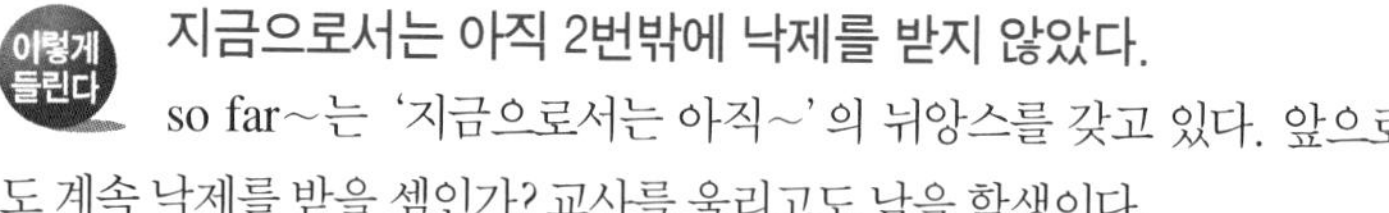

이렇게 들린다 지금으로서는 아직 2번밖에 낙제를 받지 않았다.

so far~는 '지금으로서는 아직~'의 뉘앙스를 갖고 있다. 앞으로도 계속 낙제를 받을 셈인가? 교사를 울리고도 남을 학생이다.

I've failed the test twice already.

so far라고 하지 않고 문장 끝에 already를 붙여넣는다. 그러면 불필요한 의미는 사라진다.

이 시험에 합격하도록 노력하겠어요.

✕ I'm going to challenge this test.

이 시험에 불만 있어요! 진짜 이상해!

보통, 이런 상황에서는 challenge라는 단어는 쓰지 않는다. '정당성을 의심하다', '~을 문제 삼다'라는 의미가 있기 때문에 '부당한 시험을 문제 삼다'라고 말하는 것처럼 들린다.

I'm going to try to pass this test.

try to pass this test.(이 시험에 합격하도록 힘쓰다.) 이럴 때는 설명하듯이 말하는 것이 좋다.

이메일 답장 보냈어요.

✕ I returned your e-mail.

이메일은 그대로 되돌려 보냈어요.

return이라는 단어를 사용해버리면 읽지도 않고 되돌려보냈다는 말처럼 들린다.

I answered your e-mail.

'회신하다'는 answer로 해야 맞다.

메일을 읽을 수가 없어요. (문자가 깨져서)

✕ **I can't read e-mail.**

나는 이메일을 사용하지 않아요.

이렇게 말하면 이메일 설정을 해놓지 않아서 메일을 주고받을 수 없다는 말로 들린다.

Your e-mail's garbled.

garble은 '문자가 깨지다'의 뜻으로, 이 단어를 사용하면 '문자가 깨져서 읽을 수 없어요'라는 의미가 된다.

I can't read your e-mail.

your e-mail이라고 하면 O.K.

일을 그만두고 미국으로 왔습니다.

✕ I quit my company and came to America.

운영하던 회사를 접고 미국으로 왔습니다.

quit my company는 자신이 경영자일 경우에 쓰는 표현이다.

I quit my job and came to America.

일하던 회사를 그만둔 것이라면 quit my job으로 해야 바른 표현이다.

업무에서 영어를 씁니다.

✕ I use English in my business.

영어를 사용하는 일이 제 생업입니다.

in my business는 '내가 하고 있는 장사'라는 뉘앙스를 풍기기 때문에 '회사에서', '업무에서'라고 말할 때 쓰면 부자연스럽다.

I use English at work.

일반적으로 '업무에서 사용한다'라고 말하는 것이라면 이 표현이 자연스럽다.

네, 제가 철수입니다. (전화에서)

✕ I'm Chul-soo.

내가 철수인데, 무슨 일이야?

I'm~(이름)의 표현을 쓰면 '내가 ~인데 (무슨 일이야?)' 의 뉘앙스가 된다. 왠지 시비를 걸고 있는 것처럼 느껴진다.

Speaking.

네이티브가 가장 흔히 사용하는 표현이다. '저입니다만' 의 뜻.

This is him(her).

이것도 자주 사용하는 관용표현이다.

제 전화번호는 이것입니다.

✕ My phone number is this.

내 전화번호는 이런 것입니다.

전화번호가 적힌 종이를 건넬 때 이런 표현을 쓰는 한국 사람이 의외로 많다. 상대는 무슨 특별한 전화번호인가 하고 생각할 것이다.

This is my phone number.

이렇게 말하면 문제없다.

이거, 팩스 좀 보내주시겠어요?

✕ Fax this, please.

이렇게 들린다

팩스 좀 부탁하네.

please가 따라 붙어있기는 해도 명령문임에는 변함이 없다. 아랫사람에게 '이거, 팩스 좀 부탁하네' 하고 사무적으로 말할 때나 쓸 법하다. 전혀 부탁하고 있는 것처럼 들리지는 않기 때문에 잘못된 표현이라 할 수 있다.

Could I ask you to fax this?

Could I ask you to~?(~을 부탁해도 되겠습니까?)라는 표현을 사용하면 좋은 인상을 주며 부탁할 수 있다.

Could I get you to fax this?

Could I get you to~?도 네이티브가 부탁할 때 자주 쓰는 표현이다.

금요일에 뉴욕에 도착했습니다.

✕ I reached to New York on Friday.

금요일에 뉴욕을 향해 손을 뻗었다.

reach to~는 '손을 ~에 닿게 하다'라는 의미로 사용하는 것이 일반적이다.

I reached New York on Friday.

'~에 도착하다'라고 말할 경우에 to는 필요 없다. reach~(장소)라고만 해도 O.K.

간단한 한마디
기내에서
공항
택시 교통수단
호텔 숙박
외출
쇼핑
레스토랑
단기 체류
단기 유학
커뮤니케이션

만나기를 기대하고 있었습니다.

✕ **I looked forward to meeting you.**

이렇게 들린다 기대하고 있었는데 만나보니 실망스럽네요.

looked라고 과거형으로 쓰면 '기대했던 것은 과거의 이야기'라고 실망하면서 말하는 것처럼 느껴진다. 이 말을 들은 상대는 I'm sorry I disappointed you.(미안하군요.)라며 주눅 들어 할지도 모른다.

이렇게 말하자 **I've been looking forward to meeting you.**

I've been ~ing로 현재완료진행형을 쓰면 불필요한 오해의 뜻이 사라진다.

많은 사람들이 공항까지 배웅해 주었어요.

✕ **Many people came to see me off at the airport.**

이렇게 들린다 군중들이 공항까지 배웅해 주었습니다.

many는 '많은'이란 뜻으로 잘 알려져 있지만, 실제로 일상회화에서 사용하면 네이티브의 귀에는 어딘가 부자연스럽게 들린다.

이렇게 말하자 **A lot of people came to see me off at the airport.**

'많은 ~들이'라고 말하고 싶을 때는 a lot of~로 말하는 것이 가장 자연스럽게 들린다.

함께 사진 찍읍시다.

✕ **Picture with me, please.**

같이 상상해 주세요.

picture를 동사로 쓰지 않도록 주의한다. picture는 동사로 쓰이면 '상상하다', '마음속에 그리다'의 뜻이 되기 때문이다.

이렇게 말하자

Let's take a picture together.

'사진을 찍다'는 take a picture로 한다. 이는 친구에게 부담 없이 말을 거는 느낌의 표현이다.

가족과 여행을 하고 있어요.

✕ **I am tripping with my family.**

이렇게 들린다

가족 모두가 해롱대고 있습니다.

이처럼 trip을 동사로 쓰면 '마약으로 환각 증상을 일으키고 있다'라는 의미가 되어버린다. 따라서 잘못 사용하면 주위 사람들이 모두 차가운 눈초리로 쳐다볼 것이다.

I'm traveling with my family.

'~와 여행을 하고 있다'라고 할 때의 동사는 망설일 것 없이 travel로 써야 한다.

호텔에서 하루 종일 느긋하게 보냈어요.

✕ I rested in my hotel room all day.

이렇게 들린다 아파서 하루 종일 호텔에서 조용히 쉬었습니다.

느긋하게 보낸다는 의미의 단어를 rest로 쓰면 이렇게 뜻이 과장되어버리기 때문에 주의해야 한다. 네이티브가 이 말을 듣는다면 병에 걸렸다고 생각할 것이다.

이렇게 말하자 **I took it easy in hotel room all day.**

take it easy는 '느긋하게 쉬다', '여유를 갖다'라는 의미로 자주 사용된다. '호텔에서 느긋하게'라고 말할 때 꼭 알맞은 표현이라고 할 수 있다.

창문을 열어도 될까요?

✕ Do you mind if I open the window, please?

이렇게 들린다 창을 열어도 당신 비위에 거슬리지 않겠습니까?

네이티브라면 창을 여는 정도의 일로 Do you mind if~, please?라고 말하지는 않는다. 이것은 좀 더 심각한 부탁을 할 때 사용하는 표현 방법이다.

이렇게 말하자 **Mind if I open the window?**

미국에서는 간단한 부탁을 할 때면 do you를 생략한 표현을 잘 사용한다. 이렇게 말하면 보다 부드럽고 친근감이 느껴진다.

안 되는데요. 일행이 올 거라서.

('이 자리에 앉아도 되겠습니까?' 라는 질문을 받았을 때)

✕ No, you may not. I'm waiting for someone.

허락 못해. 일행이 있으니까.

No, you may not.은 부모가 아이를 혼낼 때 쓰는 표현이다. '안 돼!', '하지 마!' 라는 뉘앙스가 있기 때문에 어른에게 사용하기에는 적당하지 않다.

Oh, I'm sorry. I'm waiting for someone.

Oh, I'm sorry.라고 하면, 이와 같은 상황에 가장 알맞은 거절의 표현이 된다.

어떻게 기입하면 됩니까?

✕ How can I fill out this form?

이걸 어떻게 쓰라는 거야!

이미 앞서 언급했지만, 이것은 단지 화를 내고 있는 표현일 뿐이다. 상대는 아마 Oh, I'm sorry. Here's a pen.(실례했습니다. 여기 펜이요.) 하고 빈정댈지도 모르겠다.

Could you show me how to fill out this form?

Could you show me how to~?(~의 방법을 가르쳐주시겠습니까?)라는 표현을 사용한다. 이것은 기본 표현이므로 외워두도록 하자.

간단한 한마디 | 기내에서 | 공항 | 택시, 교통수단 | 호텔, 숙박 | 외출 | 쇼핑 | 레스토랑 | 단기 체류 | 단기 유학 | 커뮤니케이션

좀 도와줄래?

❌ **Help me, please.**

아무쪼록 저 좀 도와주십시오.

상당히 과장스럽게 들리기 때문에 부자연스럽다. 상대방은 도대체 무슨 일인가 하고 생각할 것이다.

Could you give me a hand?

Could you give me some help?

작은 부탁을 할 때 네이티브가 자주 사용하는 표현이다.

Could you do me a favor?

'부탁해도 돼?' 라는 표현도 잘 사용된다.

그건 왜?

('한국이 좋아' 라는 말을 들었을 때)

❌ **Why do you like Korea?**

왜 한국 같은 나라가 좋지?

'어째서 한국 같은 나라가~' 라고 말하는 것 같아 상당히 부정적인 의미로 들린다.

You do? Why's that?

'아아, 그래? 왜?' 라고 산뜻하게 묻는 느낌이다.

이 도시 출신이세요?

✕ Are you born in this city?

이 도시에서 태어나는 습관이 있어?

현재형으로 말하면 습관을 묻는 뉘앙스가 되어 부자연스럽다.

Were you born in this city?

태어난 것은 과거의 일이기 때문에 당연히 과거형으로 해야 한다.

오늘 입은 티셔츠 멋지다.

✕ Today I like your T-shirt.

다른 날과는 다르게 오늘 입은 티셔츠는 멋있네.

today를 문장 앞에 두면 지나치게 강조되어, '오늘만 멋있다'라고 말하는 것처럼 들린다.

I like your T-shirt today.

이런 경우에는 today를 문장 끝에 둔다.

테니스를 아주 좋아해. (누군가 취미를 물을 때)

✕ I like playing tennis very much.

이렇게 들린다

테니스 치는 걸 좋아해, 무지무지.

네이티브라면 취미를 말할 때 I like～very much.라는 표현은 쓰지 않는다. 이렇게 말하면 상당히 과장되고 어색하게 들리기 때문이다.

이렇게 말하자

I really like playing tennis.

I really like～라고 말하면 매우 자연스러운 표현이 된다. 의미는 같아도 들리는 느낌은 상당히 다르다.

요리하는 걸 좋아합니다.

✕ I like to cook myself.

나 자신을 요리하는 것이 좋다.

cook myself는 '자신을 요리하다'라는 의미다. 정말 무서운 사람이다.

I like to cook.

간단하게 이렇게만 해도 O.K.

I like to cook by myself.

cook by oneself로 '자신이 직접 요리하다'라는 뜻을 만들 수 있다.

아파서 파티에 갈 수 없었어.

✕ **I got sick so I couldn't go to your party.**

이렇게 들린다

파티에 가지 않아도 되도록 일부러 아팠어.

I got sick so I couldn't~라고 하면, '~하지 못하도록 병에 걸렸다'라는 의미가 된다. 그렇게까지 해서 가고 싶지 않은 파티는 도대체 무슨 파티일까!

이렇게 말하자

I got sick and so I couldn't go to your party.

~and so I couldn't~라고 하면, '~이었기 때문에 ~할 수 없었다'라고 일반적인 이유를 대는 표현이 된다.

감기 걸렸어.

✕ **I had the flu.**

이렇게 들린다

감기 걸렸었어. 그런데 지금은 다 나았어.

had the flu라고 단순과거형으로 말하면, 이미 끝난 일을 이야기하고 있는 것처럼 들린다. 즉, 이것은 '이제 다 나았다'라는 뜻이나 다름없다.

이렇게 말하자

I've had the flu since Friday.

아직 감기가 낫지 않았다면 have had라고 해서 현재완료형으로 말해야 한다. since Friday 등과 같은 말을 덧붙여 '언제부터' 걸렸는지도 말한다면 의미가 더욱 명쾌하게 전달될 것이다.

날씨가 따뜻해졌어요.

✕ It's becoming warmer.

이렇게 들린다 지구의 온난화가 진행되고 있습니다.

becoming warmer는 '오랜 세월에 걸쳐 따뜻해지고 있다'라는 뉘앙스의 표현이다. 이렇게 말하면 상대는 지구 온난화에 대한 이야기라고 생각할 수 있다. become은 평소의 날씨 이야기를 하는 데 쓰기에는 다소 과장스러운 표현이다.

It's getting warmer.

becoming이 아닌 getting을 쓴다.

기온은 어느 정도입니까?

✕ How much is the temperature?

이렇게 들린다 기온의 가격은 얼마?

기온은 How much is~?를 써서 묻지 않는다. 이 표현은 기온의 가격을 묻는 말이 되어버리기 때문이다. 이런 것에 가격을 붙일 수는 없다.

이렇게 말하자 **What's the temperature today?**

What's~?라는 표현으로 묻는다면 매우 자연스러워진다. 또한 be동사를 줄이지 않고 What is~?라고 말하면 '기온이라는 것은 무엇입니까?'라고 단어의 의미를 묻는 뉘앙스가 되니 이 점에도 주의해야 한다.

만나서 반가웠습니다. 그럼, 또 봐요.

✕ Nice to meet you. Bye!

처음 뵙겠습니다. 그럼 안녕히 가십시오.

작별 인사를 할 때 '만나서 반가웠다'라는 말을 Nice to meet you. 라고 말하는 사람이 있는데, 이것은 처음 만났을 때나 하는 인사다.

It was nice meeting you. Bye.

It was~라고 해서 과거형으로 말해야 한다.

여자 친구 있어?

✕ Do you have girlfriend?

걸프렌드를 소유하고 있는 거야?

a를 넣지 않고 말하면 네이티브의 귀에는 girlfriend가 마치 물건의 이름처럼 들린다.

Do you have a girlfriend?

a를 잊지 않도록 하자.

저와 결혼해 주세요.

(프로포즈할 때)

✕ **Please marry.**

이렇게 들린다

빨리 누군가와 결혼해 줘.

marry 뒤에 아무 말도 붙여 넣지 않으면 '누군가와 결혼해 주세요'라는 뉘앙스가 되어 의미가 완전히 달라져버린다. 이것은 프로포즈가 될 수 없다.

Will you marry me?

이렇게 하면 '나와 결혼해 주세요'라는 뜻이 된다. 이 때다 싶을 때 써보라.

남자친구 만들고 싶어.

✕ **I want to make a boyfriend.**

이렇게 들린다

남자친구를 내 손으로 만들고 싶다.

make a friend(친구를 만들다)라는 말이 있다고 해서, make a boyfriend/girlfriend라고는 하지 않는다.

이렇게 말하자

I want to find a boyfriend.

동사는 make가 아닌 find로 해야 맞다. 바로 이 find a boyfriend/girlfriend 가 '애인을 만들다' 라는 의미의 표현이다.

여자 친구와 잘 안 돼.

✕ I had a problem with my girlfriend.

잘 안 되고 있었는데 이제는 해결됐어!

단순히 과거형으로 말하면 그 사실이 이미 지나간 일처럼 들린다. 상대가 I'm happy for you.(잘 됐네.)하며 기뻐해 줄 가능성이 있다.

I'm having a problem with my girlfriend.

이런 경우에는 진행형으로 말한다.

좀 더 네이티브에 가까워지는 테크닉

- 부탁할 때, Will you~?는 거의 사용하지 않는다
- 주어가 사람인지 사물인지에 따라 의미가 바뀐다
- 다양한 Yes를 구사하여 한 단계 발전하기
- 다양한 No를 구사하여 기분과 상황을 표현하기
- 레스토랑에서 사용하는 영어 표현

등등

부탁할 때, Will you~?는 거의 사용하지 않는다

Would you~?와 Could you~?를 세련되게 구사하라

부탁을 할 때, 미래의 일이라고 해서 무심코 Will you~?라는 표현을 쓰고 있지는 않은가? 사실 이것은 '~하면 약속해 줄래?'라는 의외의 뜻이 담겨 있어, 단순히 부탁을 하고 있는 것처럼 들리지 않기 때문에 주의가 필요하다. 예를 들면, '내일 아침에 마중 나와줄래?'라고 말할 생각으로 Will you come pick me up tomorrow morning?이라고 말해버리면, 네이티브에게는 '내일 아침에 마중 나와줄 거지? 약속해!'라고 어떻게든 약속을 얻어내려는 것으로 들려 매우 부담스럽다. 이 경우에는 Would you~?나 Could you~?, 혹은 Could I ask you to~?라는 표현을 사용하면 불필요한 오해 없이 세련되게 부탁할 수 있다. 이런 것을 포함하여 몇 가지 좋은 의뢰 표현을 알아두기 바란다.

① Could you~? / Would you~?

× Will you meet me in the lobby?
로비에서 만나줄 거죠? 약속이에요.

○ Could you meet me in the lobby?
로비에서 만날 수 있습니까?

② Could I ask you to~?

× Will you take a picture of me?
내 사진을 찍어주는 거죠? 꼭이에요.

○ Could I ask you to take a picture of me?
사진 좀 부탁할 수 있을까요?

③ I'd like to ask you to～.
× Will you give him a message?
그에게 메시지를 전해줄 거죠? 반드시요.
○ I'd like to ask you to give him a message.
그에게 메시지 전달을 부탁하고 싶습니다만.

④ Maybe you could～.
× Will you bring me some water?
물은 주시는 거죠? 틀림없는 거죠?
○ Maybe you could bring me some water.
물 좀 갖다 주시겠어요?

반대로 아래와 같은 상황에서는 Will you～?를 사용하는 것이 더 어울리므로 이들 표현도 외워두자.

① Will you be able to～?
○ Will you be able to come with us?
같이 갈 수 있어요?

② Will you have time to～?
○ Will you have time to send my bags?
가방을 보낼 시간이 있어요?

주어가 사람인지 사물인지에 따라 의미가 바뀐다

가장 하고 싶은 말을 맨 앞에 배치하라

영어로 이야기하거나 영작을 할 때 무엇을 주어로 하면 좋을지 고민한 경험은 누구에게나 있을 것이다. 바로 이 주어를 잘 못 쓰면 네이티브의 귀에는 매우 부자연스럽게 들린다. 예를 들어, '슈트케이스에 흠집이 생겼어요'라고 말할 때,

× My suitcase was damaged.

라고, 사물(My suitcase)을 주어로 하면 '내 슈트케이스는 고장난 물건이었습니다'라는 뉘앙스가 되어, 원래부터 망가져 있었다고 말하고 있는 것처럼 들린다.

○ Someone damaged my suitcase.

영어에서는 가장 강조하고 싶은 말을 문장의 앞쪽에 놓는 경향이 있다. 여기서 하고 싶은 말은 '누군가가 슈트케이스에 흠집을 냈다'는 것이기 때문에 someone을 주어로 해야 자연스러워진다. 비슷한 예를 몇 가지 읽어보며 그 감각을 익혀보도록 하자. 언뜻 보면 어느 쪽이든 상관없어 보이지만, 실제로는 그 의미가 엄청나게 달라진다.

내가 지불했습니다.

× The bill was paid. (누군가가 지불했다.)

○ I paid the bill.

디저트를 먹었습니다.

× My dessert was eaten. (누군가가 내 디저트를 먹었다.)

○ I ate my dessert.

지갑을 잃어버렸습니다.

× My wallet was lost. (누군가가 내 지갑을 잃어버렸다.)

○ I lost my wallet.

누군가 내 안경을 깨뜨렸다.

× My glasses were broken. (내 안경은 깨져 있었다.)

○ Someone broke my glasses.

여권을 도둑맞았습니다.

× My passport is stolen. (내 여권은 도난품입니다.)

○ Someone stole my passport.

다양한 Yes를 구사하여 한 단계 발전하기

긍정 표현이 다양한 것은 한국어도 영어도 마찬가지

한국어에도 '에스'의 뜻을 표현하는 방법에는 여러 가지가 있을 것이다. 이는 영어에서도 마찬가지로 상황에 따라 여러 종류의 Yes를 구분하여 사용할 줄 알아야 한다. 여기서는 다양한 상황에 따른 Yes의 적절한 사용법에 대해 소개한다. 네이티브처럼 쓸 수 있는 표현 방법을 확실히 외워두고 커뮤니케이션에 활용해 보자.

① 경쾌한 Yes

- Yep. (응! / 그래!)
- Yeah. (응! / 그래!)

A: Did you have a good time at the zoo?
동물원은 재미있었니?

B: Yep.
응!

② 가벼운 Yes

- No problem. (응, 좋아!)
- Sure. (좋고말고! / 물론!)
- Right. (맞아!)
- I know. (맞아!)

A: Mind if I close the window?

창을 닫아도 될까?

B: No problem.

응, 괜찮아.

③ 강한 Yes

- Definitely. (확실히 그래! / 물론이야!)
- Of course. (물론이지!)

A: Do you like traveling by ship?

배 여행 좋아해?

B: Definitely.

물론이지!

④ 지적인 Yes

- That's true. (정말 그래! / 그렇게 말할 만해!)
- You're right. (네 말이 맞아! / 정말 그래!)
- Certainly. (그렇고 말고!)

⑤ 애매한 Yes

- Maybe. (아마 그럴 거야.)
- Perhaps. (아마 그럴 거야.)
- I guess so. (그렇겠지.)
- I guess. (아마!)
- I suppose so. (그런 것 같아!)

다양한 No를 구사하여 기분과 상황을 표현하기

막힘 없이 No를 말할 수 있다면 당신도 네이티브

'예스'와 마찬가지로 '노'를 표현하는 데도 여러 가지가 있다. 여기서는 상황에 따른 No의 사용법에 대해 소개한다. 이런 네이티브다운 표현을 익혀 틈나는 대로 유용하게 활용해 보자.

① **경쾌한 No**

- Nah. (안 돼!)
- Nope. (아니!)
- Ah-uh. (음, 아니!)

A: Would you like to come swimming with me?
같이 수영하러 갈래?
B: Nah.
음~, 안 돼.

② **가벼운 No**

- I don't think so. (안 돼!)
- Maybe next time. (다음에!)

③ **상대를 배려하는 No**

- I'm afraid I can't. (미안하지만, 안 되겠어.)
- I'm sorry, I can't. (미안, 안 되겠다.)

• I wish I could. (그렇게 할 수 있으면 좋겠지만!)

A: Why don't you join us for coffee?
같이 커피 한 잔 어때?
B: I'm afraid I can't.
미안하지만, 안 돼!

④ 강한 No

• No way. (절대로 안 돼!)
• Fat chance! (그럴 리 없어!)
• Absolutely not. (절대 안 돼!)
• Definitely not. (절대 안 돼!)
• Forget it. (말도 안 돼!)

A: I'll sell you this watch for $400.
이 시계 400달러에 팔아줄게.
B: No way.
사양하겠어!

⑤ 논리적인 No

• I'll have to say no. (대답은 '노' 야.)
• I think I'll pass this time. (이번에는 그만두어야겠어.)

⑥ 애매한 No

• I don't know if I'll have time. (시간이 있을지 모르겠네.)
• I'll think about it. (생각해 볼게.)
• Maybe someday. (언젠가 해볼게.)

레스토랑에서 사용하는 영어 표현

주문은 세련되게, 웨이터와의 대화는 즐겁게

해외여행에서 식사는 큰 즐거움 중의 하나다. 평소에 먹을 수 없는 맛있는 음식과 국내에서는 맛볼 수 없는 별난 요리들에 식욕이 솟을 것이다.

여기서는 음식을 주문할 때의 표현을 정리해서 소개한다. 어디나 레스토랑에서는 웨이터와 웨이트리스가 친근하게 손님을 대해 준다. 그들과의 대화를 몇 배나 즐겁게 할 수 있는 표현을 익혀서 세련되게 주문할 수 있도록 해두자.

① 주문할 때의 다양한 표현

- I'd like the～. (～을 주세요.)

  I'd like the T-bone stake.

  티본 스테이크를 주세요.

- I'd like to have the～. (～을 먹겠습니다.)

  I'd like to have the grilled chicken.

  그릴 치킨을 먹을래요.

- I'll have the～. (～을 먹겠습니다.)

  I'll have the iced tea.

  아이스티를 마실게요.

- I'll try the～. (～로 하겠습니다./～로 해보겠습니다.)

  I'll try the clubhouse sandwich.

  클럽하우스 샌드위치로 할게요.

• I'll go for the～. (～로 하겠습니다./～로 해보겠습니다.)

I'll go for the cheesecake.

치즈케이크로 할게요.

② 추천 요리를 묻는 표현

• What do you recommend?

추천 요리는 뭐에요?

• What salad do you recommend?

추천하는 샐러드는 무엇인가요?

• What fish do you recommend?

추천하는 생선요리는 뭐에요?

③ 웨이터에게 기다려달라고 할 때의 표현

• We need just a few more minutes.

조금만 더 기다려주세요.

• I'm afraid we're not quite ready.

죄송합니다, 아직 정하지 못했어요.

④ 계산서를 부탁할 때의 표현

• We're ready to go now.

우리 이제 갈게요.

• Could we ask for the bill?

계산서 부탁합니다.

Do you mind if~, please?는 과장되게 들린다

대수롭지 않은 일이라면 Do you와 please를 생략해서 Mind if~?로 하는 것이 가장 적절하다.

'~해도 괜찮습니까?', '~해도 됩니까?'라고 물을 때의 표현으로서 많이 알려진 것이, Do you mind if I~, please?와 Is it okay if I~, please?라는 표현이다. 이것은 매우 정중한 표현이지만, 대수롭지 않은 간단한 부탁을 할 때 이렇게 말하면, 다소 과장스러운 느낌이 들어 부자연스럽게 들릴 때가 있다. 예를 들어, 자전거를 빌릴 때 네이티브라면,

× Do you mind if I borrow your bicycle, please?

라고는 말하지 않는다. 이 정도의 일로 Do you mind if I~, please?라는 표현을 쓰면 너무 과장되게 들려 부담스럽기 때문이다. 이런 경우에는 Do you와 please를 생략해서 말한다. 이것이 바로 네이티브 영어다.

○ Mind if I borrow your bicycle?

이렇게 말하면 '자전거를 빌려도 될까?'라고 가볍게 묻는 느낌으로, 매우 자연스럽고 친근감 있는 표현이 된다.

- 여기에 앉아도 될까요?

  Do you mind if I sit here, please?

  ↓

  Mind if I sit here?

• 블라인드를 내려도 될까?

Do you mind if I pull down the shade, please?

↓

Mind if I pull down the shade?

• 에어컨 온도를 내려도 될까?

Do you mind if I turn down the air conditioner, please?

↓

Mind if I turn down the air conditioner?

• 케이크 한 조각 더 먹어도 돼?

Do you mind if I have another piece of cake, please?

↓

Mind if I have another piece of cake?

비슷한 표현으로 Is it okay if I~, please?라는 것도 있지만, 이 또한 마찬가지다. 간단한 부탁이라면 Is it과 please를 생략하여 Okay if I~? 라고 묻는 것이 네이티브식이다.

• 이 지도 빌려도 될까?

Is it okay if I use this map, please?

Okay if I use this map?

How can I~?는 화가 치밀어오를 때만 쓰자

'어떻게 하는 거야?'라고 묻고 싶다면 How do you~?를 사용하라!

기계나 도구의 사용법 외에 어떤 방법을 물을 때, 여러분은 어떤 표현을 사용하는가? 문법에만 의지하여 문장을 구성하다 보면, How can I ~?라고 표현하기 쉽다. 하지만 이것은 How can I possibly~?라고 말하는 것이나 다름없는 표현이다. 즉, '어떻게 ~하라는 거야!', '~같은 걸 할 수 있을 리가 없잖아!' 등과 같이 매우 부정적인 여운을 동반하므로, 얼떨결에라도 사용하지 않도록 주의를 기울이자.

× How can I use this machine?
도대체 이 기계를 어떻게 사용하라는 거야?!

이처럼 말투에 따라서는 화를 내면서 거의 포기한 심정으로 말하는 것처럼 들리기도 한다. 사용법을 묻는 것이라면, can I가 아닌 do you로 묻는 것이 자연스럽게 들린다.

○ How do you use this machine?
이 기계는 어떻게 사용합니까?

• **에어컨은 어떻게 켭니까?**
× How can I turn on the air conditioner? (에어컨을 어떻게 켜라고 하는 거야?)

○ How do you turn on the air conditioner?

○ Where's the switch for the air conditioner?

• 이 문은 어떻게 여는 겁니까?

× How can I open this door? (이런 문이 열릴 리가 없잖아?!)

○ How do you open this door?

• 공항에는 어떻게 갑니까?

× How can I get to the airport? (공항 같은 데를 어떻게 갈 수 있다는 거야?!)

○ How do you get to the airport?

• 아침식사 주문은 어떻게 합니까?

× How can I order breakfast? (아침식사 같은 것을 어떻게 주문하라고 하는 거야?)

○ How do you order breakfast?

영어라고 뭐든 확실히 말하면 되는 것은 아니다

지나치게 확실히 말해서 상대가 불끈 화를 내는 일이 없도록 quite를 활용하자!

서양 사람들은 자신의 생각을 확실히 이야기하는 경향이 있지만, 그렇다고 해서 무엇이든 거침없이 말해버리면 곤란하다. 자기 생각을 확실히 말하더라도 경우에 따라 표현 방법을 달리해야 할 때가 있다. 예를 들어, 레스토랑에서 종업원이 주문하기를 기다리고 있을 때,

△ We're not ready.

라고 잘라 말하면 '재촉하지 마, 아직 못 정했어'라고 상대를 나무라는 듯한 뉘앙스가 되어버린다. 이럴 때는 부분부정 역할을 해주는 quite를 살짝 덧붙여,

○ We're not quite ready.

라고 해보자. 그러면, '아직 정하지 못했어요', '조금만 더 기다려 주시겠어요?'라는 매우 부드러운 뉘앙스의 말이 된다. 이처럼 단어 하나를 추가하는 것만으로도 인상은 상당히 달라지므로 한 번 시험해 보기 바란다. 그러면 서로가 기분 좋게 대화할 수 있을 것이다.

△ This ticket isn't right.
이 티켓, 잘못됐는데!

○ This ticket isn't quite right.

이 티켓, 뭔가 잘못된 것 같은데요.

△ This isn't what I ordered.

이거, 주문한 것과 달라.

○ This isn't quite what I ordered.

주문한 것과 조금 다른 것 같은데요.

이와 마찬가지로 seem과 I'm afraid를 사용해도 느낌을 부드럽게 만들 수 있으므로 한 번 사용해 보기 바란다.

△ The toilet is clogged.

화장실이 막혔어.

○ It seems that the toilet is clogged.

화장실이 막힌 것 같은데요.

△ The TV isn't working.

TV가 안 켜져.

○ I'm afraid that the TV isn't working.

TV가 안 켜지는 것 같은데요.

누군가의 권유를 거절할 때도 가능한 한 주의를 기울여 표현하자. 예를 들어, 쇼핑할 때 점원이 권해주는 것을 거절할 때,

× I don't like this. (이건 싫어.)

라고 말하는 것은 옳지 않다. 이것은 싸움을 거는 것이나 마찬가지기 때문이다. 이런 경우에는 다음과 같은 표현을 쓰면 좋다.

○ I don't care much for this.

이렇게 말하면 '별로 좋아하지 않아서', '좀 싫어하는 것이라서'와 같은 뉘앙스의 부드러운 거절 표현이 된다. care for는 '~을 좋아하다'의 뜻이다.

이밖에 점원이 추천해 주는 물건을 거절할 때 사용하면 좋은 표현 몇 가지를 소개할 테니 참고하기 바란다.

○ I'm going to have to pass. (그만두어야겠어요.)
○ I'd better not. (안 하는 게 좋겠어요.)
○ Nah, I don't think so. (좀 내 취향과는 다르네요.)
○ Maybe later. (음~, 다음에 할게요.)

레스토랑 종업원이 디저트나 음료를 권할 때 거절하는 표현도 마찬가지다. 이때도 표현 방법에 주의를 기울였으면 한다. 예를 들어,

△ No, thank you. (됐어요.)
△ I'm full. (이제 배불러요.)

등과 같은 표현은 왠지 퉁명스럽게 들리므로 사용하지 않는 것이 좋다. 이럴 때 사용하는 몇 가지 좋은 예는 다음과 같다.

○ I'd like to, but I'd better not.

먹고 싶은데, 그만 둘게요.

○ It looks so good, but I'll pass.

맛있을 것 같은데, 그만두겠습니다.

○ I wish I could, but I can't

먹고 싶지만, 안 되겠네요.

또한, 사람의 용모나 특징에 대해 언급할 때는 가능한 한 말투에 주의를 기울여 완곡한 표현을 써야 한다. 예를 들면, 키가 작은 사람을 가리켜, He's short.라고 말해서는 안 된다. 이것은 '그는 난쟁이다'라며 키가 작은 것을 모욕하는 말이 되기 때문이다. 이런 경우에는, He's not very tall.(키는 별로 크지 않지만)이라고 해야 모욕적인 느낌을 주지 않는다.

× He's skinny.

그는 빼빼 말랐다.

○ He's quite thin.

그는 좀 말랐다.

× She's stupid.

그녀는 바보다.

○ She's not the intellectual type.

그녀는 지적인 타입은 아니야.

× She can't speak well.

그녀는 말을 잘 못해.

○ She has difficulty expressing herself.

그녀는 자기표현에 재주가 있지는 않아.

very much를 네이티브는 그다지 쓰지 않는다

really가 훨씬 자연스럽다!

'정말 ~이다'라고 강조해서 말할 때의 표현으로 잘 알려진 것이 very much와 really라는 두 가지 표현이다. 그러나 이 두 가지가 모두 같다고 생각하면 큰 실수다. 네이티브는 이 둘을 확실히 구분하여 사용하기 때문이다.

우선 첫 번째로 네이티브는 일상 회화에서는 very much를 별로 사용하지 않는다는 것을 기억해 두자. 예를 들어, '박물관에 너무 가고 싶다'라고 말할 때 우선 네이티브라면 I'd like to go the museum very much. 라고는 말하지 않는다. 이렇게 말하면 '나는 박물관에 가고 싶다, 매우!'라는 식으로 들려, 네이티브에게는 매우 부자연스럽게 느껴지기 때문이다. 이런 경우에는 really를 사용하여 I'd really like to go to the museum.이라고 하는 것이 네이티브 영어가 된다.

• 피자를 정말 좋아해.

× I like pizza very much.

○ I really like pizza.

• 그림 감상을 정말 좋아한다.

× I like looking at paintings very much.

○ I really like looking at paintings.

• 정말 조금 더 오래 있고 싶습니다.

× We'd like to stay a little longer very much.

○ We'd really like to stay a little longer.

• 정말 재미있게 보냈습니다.

× I had a good time at your home very much.

○ I had a really good time at your home.

여기 날씨가 너무 마음에 들어요.

× I like the weather here very much.

○ I really like the weather here.

a lot of도 really처럼 자주 사용되는 표현이다.

• 오늘은 정말 즐거웠습니다.

× I had very much fun today.

○ I had a lot of fun today.

과거진행형은 잘못된 영어다

'~하고 있다'라고 말할 때는 단순과거형으로 말하자

'오늘은 뭐하고 지냈어?'와 같은 질문을 받았을 때, 한국어에서는 '공부하고 있었어요', '야구하고 있었어요'와 같이 대답해도 된다. 그러나 이것을 그대로 영어로 옮겨 과거진행형으로 말하면 어색한 문장이 되어 버린다. 이런 질문에 똑같이 과거진행형으로 대답하면 '~하고 있었거든, 그랬더니~'라는 뜻이 되어, 마치 본론으로 들어가기 전의 서론을 말하고 있는 것처럼 들리기 때문이다.

예를 들어, What did you do today?(오늘은 뭐하고 있었어?)라는 질문에,

× I was writing a postcard today.

라고 대답하면, 상대에게 '오늘, 엽서를 쓰고 있었는데 말이야~'라고 이야기의 서두 부분을 꺼내고 있는 것처럼 들린다. 즉, 과거진행형은 I was writing a postcard today when the telephone rang.(전화가 울렸을 때 엽서를 쓰고 있었거든.) 등과 같이 말할 때 쓰는 표현인 것이다.

○ I wrote a postcard today.

이런 경우에는 단순과거형으로 대답하는 것이 적절하다. 그래야 네이티브 영어가 된다.

• 오늘은 책을 읽고 있었습니다.

× I was reading a book today.

○ I read a book today.

○ I was reading a book today when it started to rain. (비가 내리기 시작했을 때, 나는 책을 읽고 있었습니다.)

• 오늘은 산책을 하고 있었습니다.

× I was taking a walk today.

○ I took a walk today.

○ I was taking a walk today when I saw an accident. (사고를 목격했을 때, 나는 산책을 하고 있었습니다.)

• 오늘은 영어 공부를 하고 있었습니다.

× I was studying English today.

○ I studied English today.

○ I was studying English today when the accident happened. (오늘 사건이 일어났을 때, 영어 공부를 하고 있었습니다.)

• 어제는 내 방에 있었습니다.

× I was staying in my room yesterday.

○ I stayed in my room yesterday.

○ I was staying in my room yesterday when the earthquake hit. (어제 지진이 일어났을 때, 나는 내 방에 있었습니다.)

some의 다양한 사용법 ①

플러스에도 마이너스에도 사용할 수 있는 편리한 some

some은 '어느 정도의', '얼마 만큼의'라는 의미의 단어로 많이 알려져 있지만, 그 외에도 매우 편리하게 사용할 수 있는 단어다. 알아두면 다양한 상황에서 센스 있는 표현을 할 수 있으므로 익혀두도록 하자.

① 상당한 (액수의, 양의) ~

예를 들어, She gave him some tip.이라고 말하면 '그녀는 그에게 상당한 액수의 팁을 주었다'라는 의미가 된다. 이처럼 some은 사용 방법에 따라 '상당한 (액수의, 양의) ~'이라는 의미가 되기도 한다.

- My husband got some bonus last month.
  지난달, 남편은 엄청난 액수의 보너스를 받았다.
- That's some number.
  그것은 굉장한 숫자네요.
- I got some telephone bill last month.
  지난달, 엄청난 전화 요금이 청구되었다.

② 칭찬하는 뜻으로 말할 때

'대단한', '멋진', '굉장한'이라는 뜻의 칭찬하는 말로도 사용할 수 있다.

- She is some translator.
  그녀는 대단한 번역가야.
- That was some movie.
  멋진 영화였어.
- That was some meal.
  맛있는 요리였다.
- That was some festival.
  굉장한 축제였어.

③ 너무나 혹독한 상황일 때

확연히 나쁜 일이라는 것을 알 수 있는 이야기에서 some~이라고 하면, '심한~', '어떻게 할 수가 없는~'이라는 의미가 된다.

- That was some rainstorm.
  지독한 비였어.
- That was some headache.
  견딜 수 없는 두통이었어.
- That was some mess.
  아주 엉망진창이었지.

some의 다양한 사용법 ②

some coffee, some water 등, 음료에 붙여 사용하면 네이티브다워진다!

음료를 부탁할 때 I'd like some coffee.(커피 주세요.) 등으로 흔히 말하지만, 이 some에도 정확한 의미가 있음을 알고 있는가? 양이 일정하게 정해져 있지 않은 음료의 경우에는, 이 some을 넣어 말하면 자연스러운 표현이 된다. 예를 들면, coffee나 tea 그리고 water 등이 그렇다. 이것들은 리필도 많이 하는데다 양도 가지각색이기 때문이다.

• 물 좀 주세요.

× I'd like water.

○ I'd like some water.

○ I'd like a glass of water.

• 커피 마실게요.

× I'll have a coffee.

○ I'll have some coffee.

○ I'll have a cup of coffee.

와인도 마찬가지로 I'll have a red wine.이라고 말하면 '와인을 병째로 주시오'라는 의미가 된다. 글라스로 한 잔 하고 싶다면,

○ I'll have some red wine. (와인을 마실게요.)

이라고 말해야 옳다.

coke(콜라)나 orange juice(오렌지 주스), beer(맥주) 등은 캔이나 병으로 나오는 경우가 많아 양이 일정하게 정해져 있는 것이 일반적이다. 이런 경우에 some은 넣지 않는다.

• **맥주라도 할까?**

× Would you care for some beer?

○ Would you care for a (can of) beer?

단, 콜라나 오렌지 주스도 큰 병에 들어 있는 것을 컵에 따라 주는 경우에는 some을 붙여서 말한다.

A: I have a bottle of coke and a bottle of orange juice.
콜라와 오렌지 주스가 (병으로) 있는데.

B: I'll have some coke.
음, 콜라로 할게.

기억해 두어야 할 환전 표현들

잔돈과 지폐를 나누어 바꾸는 방법

환전은 해외여행에서 반드시 필요한 일이다. 확실하게 '원을 달러로' 라고 말할 수 있는 것만으로도 충분하지만, 어떻게 환전하고 싶은지 얼마짜리 지폐가 얼마나 필요한지 등, 상세한 내용까지도 말할 수 있다면 여러 모로 편리하다. 여기서는 환전에 관한 여러 표현을 소개한다. 환전뿐만 아니라 쇼핑을 하고 잔돈을 받을 때도 사용할 수 있으므로 기억해 두도록 하자.

- I'd like to exchange won for dollars.
  원을 달러로 환전해 주세요.

- I'd like 300,000 won in dollars.
  30만 원을 달러로 바꿔주세요.

- Could I have some smaller bills too?
  소액 지폐도 섞어주세요.

- Could I have all 20s?
  모두 20달러짜리로 주세요.

- Could I have 10s and 20s?
  10달러짜리와 20달러짜리로 주세요.

- I'd rather not have any 100s.
  100달러짜리는 넣지 마세요.

- Could I have just one 100-dollar bill?
  100달러짜리를 1장만 넣어 주세요.

- Could you also give me 10 ones?
  1달러짜리도 10장 넣어 주세요.

- What's today's rate?
  오늘 환율은 얼마입니까?

- How much is the fee?
  수수료는 얼마입니까?

- Can I exchange won for dollars?
  (호텔 프론트에서 물을 때) 원을 달러로 환전할 수 있습니까?

- Where can I exchange money?
  환전은 어디서 할 수 있습니까?

- Where's the cheapest/best place to exchange money?
  환전은 어디서 하면 수수료를 싸게 할 수 있습니까?

다급할 때 soon은 효과가 없다

일반적으로 soon은 '잠시 후', '머지않아'라는 의미로 사용된다

'빨리 ~해줘', '바로 ~부탁해' 등 용건을 긴급하게 말할 때, soon 이외의 단어가 바로 떠오르지 않는다면 조금 곤란하다. 그도 그럴 것이 이 soon은 '바로'라는 뜻보다는 '잠시 후', '머지않아'라는 뉘앙스로 사용되는 것이 일반적이기 때문에, 아무리 말해도 네이티브의 귀에는 그다지 다급한 것처럼 들리질 않는다.

예를 들어, '바로 편지 쓸게', '서둘러 편지 쓸게'라고 말할 생각으로 I'll send you a letter soon.이라고 말하면, 네이티브의 귀에는 '가까운 시일 내에 짬나면 편지 쓸게' 정도의 뜻으로밖에 들리지 않는다.

△ Let's go to the museum soon.

가까운 시일 내에 박물관에 갑시다.

△ Let's get together soon.

가까운 시일 내에 또 만나요.

정말로 서두르고 있는 것이라면 soon이 아니라 다음과 같은 표현을 쓰는 것이 좋다.

- **as soon as I can**

○ I'll send you a letter as soon as I can.

가능한 한 빨리 편지 쓸게.

- **as soon as possible**

○ Let's go to the museum as soon as possible.

가능한 한 빨리 박물관에 가자.

- **at the first chance**

○ Let's get together at the first chance.

최대한 빨리 만나자.

네이티브가 자주 사용하는 그밖의 '긴급' 표현

- **right away**

Could you get me a taxi right away?

어서 빨리 택시를 불러주세요.

- **right now**

I have to leave right now.

지금 바로 돌아가야 돼.

- **NOW**

We have to go NOW!

당장 가지 않으면 시간이 없어!

- **immediately**

I want you to do it immediately.

즉시 하세요.

I can speak English는 부정적인 뜻으로 들린다

'영어를 할 수 있습니다' 라고 말할 때는 can을 넣지 않는 것이 자연스럽다.

'나는 ~어(語)를 할 수 있습니다'라고 할 때, 네이티브식 영어에 익숙하지 않으면 무심코 사용하기 쉬운 것이 I can speak~라는 표현이다. 그러나 이렇게 표현하면 영어를 할 수 있다고 하기에는 좀 이르다. 사실 이 표현은 네이티브의 귀에 '~어라면 말할 수 있지만~' 등과 같이 그 뒤에 부정적인 내용의 말이 따라 올 것처럼 들린다. 예를 들면, I can speak French but not English.(프랑스어는 할 수 있지만 영어는 못합니다.)와 같이 말이다. 이런 경우에는 can을 넣지 않고 간단하게 I speak~라고 하는 것이 네이티브식 영어다. 이것이 '~어를 할 수 있습니다'라는 의미의 자연스러운 표현이 된다.

- 프랑스어를 할 수 있습니다.

△ I can speak French.

○ I speak French.

'~어를 할 수 있습니까?'라고 물을 때에도 can을 넣지 않는 게 네이티브답다. 즉, Do you speak~?로 묻는 것이 훨씬 자연스럽다. 이를 잘못해서 Can you speak~?라고 해버리면 경우에 따라서는 '당신 ~어 할 수 있어? 못하지?'라는 불쾌한 뉘앙스로 들릴 수 있기 때문에 주의해야 한다.

• 일본어를 할 수 있습니까?

△ Can you speak Japanese?

○ Do you speak Japanese?

마찬가지로 '~를 잘 해요', '~가 특기에요' 등과 같이 말할 때도 can을 사용하지 않고 말하는 것이 네이티브식 영어다.

• **I play~.** (~의 연주를 잘 합니다.)

I play the guitar.

기타를 잘 칩니다.

악기 연주를 잘 한다면, I play~라고만 해도 된다. 그러면 '~의 연주를 잘 합니다'라는 의미가 된다.

• **~is my thing.** (~가 특기입니다.)

Baseball is my thing.

야구가 특기입니다.

~is my thing.은 '~가 특기입니다'라는 의미의 표현이다.

• **I like studying~.** (~를 잘 합니다.)

I like studying English.

영어를 잘 합니다.

어학을 잘 한다면, I like studying~(직역: ~공부를 좋아합니다.)이라고 말하면 그 언어를 잘 한다는 뜻으로 전달된다.

손짓발짓 없이 영어로 길을 가르쳐줄 수 있는가?

**한국에서도 갑자기 닥쳐올 수 있는 상황!
몇 가지 간단한 표현만 기억해 둔다면 걱정 없다!**

외국인이 영어로 길을 물을 때 당황스러워하며 허둥댔던 경험을 가진 사람은 의외로 많다. 영어가 서툰 사람이 '두 번째 길모퉁이를 돌아서, 첫 번째 신호를~'이라고 알기 쉽게 길을 설명하는 것은 상당히 어려운 일이다. 그래서 여기서는 길안내를 할 때 자주 쓰이는 표현을 정리하여 소개해 보기로 한다. 길안내를 할 때 힘든 경험을 했던 사람이라면 반드시 읽어보기 바란다. 표현 방식 몇 가지만 기억해 둔다면, 그것을 조합하여 어떠한 길이라도 설명할 수 있게 될 것이다. Here we go!

기본 패턴

• 곧장 가다.
go straight

• 오른쪽으로 돌다.
turn right

• 왼쪽으로 돌다.
turn left

• ~옆
next to~

- ~의 건너편
  on the other side of the street from the ~

- 오른쪽에 있다.
  on the right side

- 왼쪽에 있다.
  on the left side

- 거기서 오른쪽으로 돌다.
  turn right there

- 거기서 왼쪽으로 돌다.
  turn left there

- 첫 번째 길모퉁이를 오른쪽으로 돌다.
  turn right at the first corner

- 두 번째 길모퉁이를 왼쪽으로 돌다.
  turn left at the second corner

- 첫 번째 신호에서 오른쪽으로 돌다.
  turn right at the first stoplight

- 두 번째 신호에서 왼쪽으로 돌다.
  turn left at the second stoplight

- 첫 번째 신호를 건너서 오른쪽으로 가다.
  cross the street at the first stoplight and then go right

- 두 번째 신호를 건너서 왼쪽으로 가다.
  cross the street at the second stoplight and then go left

- 곧장 가면 ~가 있다.
  go straight and you'll find~

응용 패턴

기본 패턴을 조합하여 알기 쉽게 설명할 수 있도록 해두자.

- 곧장 가다보면 바로 정면으로 보이는 것이에요.
  Go straight and you'll run right into it.

- 곧장 가서 오른쪽에 있습니다.
  Go straight and it's on the right side.

- 첫 번째 모퉁이에서 오른쪽으로 돌고, 두 번째 신호에서 왼쪽으로 돌아가세요.
  Turn right at the first corner and then turn left at the second stoplight.

- 두 번째 모퉁이를 왼쪽으로 돌고, 첫 번째 신호에서 오른쪽으로 돌아가세요.

Turn left at the second corner and then turn right at the first stoplight.

- 곧장 가면 은행이 있어요. 거기서 오른쪽으로 돌아가세요.

  Go straight until you see a bank, and then turn right.

- 곧장 가면 우체국이 있는데, 바로 그 옆이에요.

  Go straight and you'll see a post office. It's right next to the post office.

- 은행은 역 앞 길의 건너편에 있어요.

  The bank is on the other side of the street from the station.

- 곧장 가서 첫 번째 길모퉁이를 왼쪽으로 돌면 초등학교가 있는데, 그 옆에 있어요.

  Go straight and turn left at the first corner. You'll see an elementary school, and it's the next building.

- 곧장 가다가 두 번째 신호를 오른쪽으로 돌면 파출소가 있어요. 바로 그 맞은편에 있어요.

  Go straight and turn right at the second stoplight. Then you'll see a police box. It's just opposite the police box.

네이티브가 쓰지 않는 시대에 뒤떨어진 표현들

학교 때 배운 As~도 네이티브에게는 과장스럽게 들린다!

어느 언어에나 시대에 뒤떨어진 낡은 표현은 존재한다. 한국에서도 사극이나 역사드라마 같은 데서 사용될 만한 표현을 일상생활에서 쓰는 사람은 거의 없을 것이다. 이것은 영어에서도 마찬가지다. 수십 년 전까지는 아무렇지도 않게 사용되던 말이 지금 사용하면 네이티브의 귀에 매우 낡은 표현으로 들리는 것들이 몇 가지 있다.

① **As~**

오늘 학교에는 갈 수 없습니다. 왜냐하면 열이 있기 때문입니다.

△ As I have a cold, I can't go to school today.

'~ 때문에'라고 이유를 진술할 때, 이 As를 사용하는 사람이 많을 것이다. 그러나 실제로 이것은 이미 시대에 뒤떨어진 표현이다. As가 네이티브에게는 왠지 야단스럽게 들린다.

요즘은 이렇게 말한다!

○ I have a cold, so I can't go to school today.

② **be fond of~**

피아노 연주하는 것을 좋아합니다.

△ I am fond of playing the piano.

교과서 영어에 반드시 등장하는 것이 be fond of다. '~을 좋아하다'라는 의미로 배웠을 테지만, 이것도 상당히 낡은 표현으로서 지금은 거의 사용되지 않는다.

요즘은 이렇게 말한다!

○ I like to play the piano.

③ **man**

인간은 환경오염으로 세계를 파괴하고 있다.

△ Man is destroying the world with pollution.

man을 '인간' 이라는 의미로 사용하는 일은 남녀차별이라고 해서 사라져가고 있다.

요즘은 이렇게 말한다!

○ We are destroying the world with pollution.

④ **whom**

그는 어제 내가 만난 소년입니다.

△ He is the boy whom I met yesterday.

요즘은 이렇게 말한다!

○ He's the boy I met yesterday.

○ I met him yesterday.

⑤ **be not to~**

이 방에서의 흡연은 자제해 주십시오.

△ You are not to smoke in this room.

요즘은 이렇게 말한다!

○ Don't smoke in this room.

I'm afraid로 커뮤니케이션의 달인이 되자

이 한 마디만 덧붙여도 훨씬 정중한 표현이 된다!

네이티브다운 표현 중에 기억해 두면 편리한 것이 I'm afraid다. 이것을 문장 앞에 붙이는 것만으로도 표현은 훨씬 부드러워지며 듣기 좋은 말투가 된다. 네이티브는 꺼내기 어려운 말을 할 때, 자주 이 표현을 사용한다.

부정문이나 강한 표현을 부드럽게

예를 들어, 친구가 부탁하는 일을 하고 싶지만 시간이 없어 할 수 없을 때는 어떻게 거절해야 할까?

△ I don't have time.

이렇게만 말하면 너무나 퉁명스럽게 들린다. '그럴 시간 없어'라고 딱 잘라 거절하는 것 같다.

○ I'm afraid I don't have time.

'미안, 시간이 없어서 못하겠어', '미안한데, 시간이 없어서 못할 것 같아'라는 뉘앙스다. I'm afraid를 넣기만 했는데 이 정도로 느낌이 달라진다.

△ I can't. (못 해!)

○ I'm afraid I can't. (미안하지만 못 하겠어.)

△ I'm not interested. (흥미 없어!)

○ I'm afraid I'm not interested. (그건 좀 흥미가 없는데.)

꺼내기 어려운 말을 수월하게

돌아가야 할 시간이지만 좀처럼 돌아가겠다는 말을 꺼낼 수 없는 상황이라면 어떻게 말해야 할까?

△ I have to leave.

이는 상대의 기분 따위는 상관없다는 듯이 말하는 것 같아 좋은 표현이 아니다. 마치 '얼른 보내줘'라고 말하는 것 같은 느낌이다.

○ I'm afraid I have to leave.

'미안하지만, 이제 돌아가봐야 해'라고 유감스럽게 말을 꺼내는 것 같은 느낌의 표현이다. 상대를 배려하는 느낌이 잘 나타나는 좋은 표현이다.

× You didn't pass the test. (너는 낙제야!)

○ I'm afraid you didn't pass the test. (유감이지만, 테스트에 합격하지 못했습니다.)

× I couldn't find it. (못 찾았어.)

○ I'm afraid I couldn't find it. (미안하지만, 찾지 못했습니다.)

아리송한 전치사 to와 for

그 차이를 안다면 당신의 영어는 네이티브 수준

우리가 영어를 배울 때 최대 난관 중의 하나가 바로 전치사다. 그 중에서도 특히 많이 틀리는 것이 to me와 for me를 이용한 표현이다. 예를 들어, '이 책은 나에게 어렵다'라고 말할 생각으로,

× This book is hard to me.

라고 하면, '이 책은 나에게는 너무 단단하다'라는 의미가 되어버린다. 즉, 내용보다는 물질적인 측면에서의 책의 경도를 나타내는 뉘앙스가 된다. 따라서 이 경우의 전치사는 for로 해야 맞다.

○ This book is hard for me.

이 문장은 It is hard for me to read this book.(나에게 있어서 이 책을 읽는 것은 어려운 일이다.)과 같은 뜻이다. 이처럼 for는 '~에게 있어서'라는 뜻으로 '동작이나 행위를 하는 사람'을 나타낸다.

이런 일을 너에게 말하는 것은 마음 아프지만.
× It's painful to me to tell you this.
○ It's painful for me to tell you this.

tell 즉, '말을 하는' 사람은 바로 for 뒤의 me다. 아래의 예문도 마찬가지다.

너라면 쉽게 할 수 있어.

× It's easy to you to do that.

○ It's easy for you to do that.

do that이라는 '행위를 하는' 사람은 for 뒤의 you다.

to는 '~에 대해서'라는 의미로 '동작을 하는 사람'이 아닌, '동작의 대상'을 가리킨다. 그 때문에 아래의 예문에서는 to를 사용하지 않으면 안 된다.

어떻게 나에게 이럴 수 있어?

× How could you do this for me?

○ How could you do this to me?

do this라는 행위의 대상이 me이기 때문에 to me로 하는 것이다. 또한 look(~으로 보이다)와 sound(~으로 들리다) 등의 동사에도 to를 이용한다. 여기서 me는 '동작을 하는 사람'이 아니기 때문이다.

나에게는 바보같이 보이는데.

× It looks silly for me.

○ It looks silly to me.

여기서 look은 '내가 보다(I look)'가 아닌 '나에게는 ~처럼 보이다(It

looks~)'라는 의미다.

마지막으로 to와 for로 의미가 완전히 바뀌어버리는 예를 들어보자. to는 단순한 '동작의 대상'을 나타내는 것에 반하여, for는 '~을 위하여', '~대신에' 등의 의미를 갖고 있다.

A. She read a book to me.

B. She read a book for me.

A는 '나에게 책을 읽어 주었다'라는 의미인데 반하여, B는 '내 대신에 책을 읽었다'라는 의미가 된다. 또한, 아래의 예는 옷 등을 보고 평가를 내리는 표현인데,

A. Looks gook to me.

B. Looks good for me.

A는 '내가 보기에는 좋아 보인다'라는 의미로 옷을 입어보고 있는 사람에게 이렇게 말하면 '그 옷, 괜찮은데'라는 식의 의미가 된다. 그러나 B는 '내가 입으면 딱 좋겠어' 즉, '나에게 잘 어울려'라는 의미가 되어 버린다.

to me는 단순한 '행위의 대상'인데 반해, for me는 다양한 의미가 될 수 있음을 기억해 두자.

엉터리 간판 & 콩글리시 외래어

- 사용 후에는 모두 노출시키시오.
- 변기맨!
- 욕실을 사용할 때는 문을 닫고,
  재미있는 스위치를 켜자!
- 물건만 들어갈 수 있습니다.
- '상당히'가 되십시오.

  등등

엉터리 간판, 안내문

● 모 대학 화장실 안내문

사용 후에는 반드시 물을 내려 주십시오.

✕ Please flash thoroughly after use.

이러한 뜻이다 **사용 후에는 모두 노출시키오.**

flash는 속어로 '노출 행위'라는 의미가 있다. 즉, 이 문장은 '사용 후에 중요한 부분을 완전히 노출시켜 보여주시오'라는 의미가 되어버린다. 이 말을 진짜로 받아들일 사람은 물론 없을 거라 생각되지만~.

Please be sure to flush after use.

올바른 철자는 flush.

● 어느 관광지의 화장실 표시

남자 화장실

✕ Toilet Man

이러한 뜻이다 **변기맨!**

단어들만 안이하게 늘어놓은 조악한 사례다. 슈퍼맨과 싸우는 무슨 악당 이름도 아니고~.

Men's

Gentlemen

두 가지 모두 사용되는 표현이다.

● 모 호텔의 주의 사항

욕실을 사용하실 때는 문을 닫고 환풍기를 켜주십시오.

✕ When you take a bath, please close the door and switch on the fun.

욕실을 사용할 때는 문을 닫고, 재미있는 스위치를 켜자!

철자 실수의 사례다. fun은 '재미있는'의 뜻. '재미있는 스위치를 켜다'라는 것은 도대체 어떤 것을 말하는 것일까?

When you take a bath, please close the door and switch on the fan.

'환풍기'의 철자는 fan이다. 따라서 '환풍기를 켜다'라고 말하고 싶다면 당연히 switch on the fan이라고 해야 맞다.

● 모 편의점 안의 문에 있는 표시

관계자 외 출입금지

✕ Stuff only

물건만 들어갈 수 있습니다.

stuff는 '물건'이란 뜻이기 때문에, 이렇게 하면 이해하기 힘든 표지가 된다.

Staff only

바른 표기법은 staff. 이는 '관계자', '직원'이라는 뜻이다.

● 모 유명 영어회화 학원(!)의 안내문

조용히 하시오.

✕ Please be quite.

'상당히'가 되십시오.

이 또한 매우 부끄러운 철자법 실수 중의 하나다. quite는 '상당히', '꽤'라는 의미의 낱말이다. 영어회화 학원이 이래서야~.

Please be quiet.

바른 표현은 물론 바로 이것, quiet(조용한, 고요한)

● 도로에서 발견한 차량 스티커

아기가 타고 있어요.

✕ Baby is on a car.

아기가 지붕위에 올라 타 있어요.

be on a car는 '차 지붕 위에 타고 있다'라는 뜻이다. 위험하기 짝이 없는 상황이다.

Baby in car.

이렇게만 해도 뜻이 충분히 전달된다. 바로 '아기가 타고 있어요'라는 뜻이다.

Baby on board.

on board는 본래 배나 비행기에 사용하는 표현이지만, 이처럼 차에도 사용할 수 있다.

● 모 피트니스 클럽의 출입구에

또 오시기 바랍니다.

✕ Waiting for your coming again.

이러한 뜻이다

당신의 재림을 애타게 기다리겠습니다.

your coming과 같이 말하면 네이티브가 머릿속에 떠올리는 것은 second coming(그리스도의 재림)이다.

Please come again.

관용구처럼 쓰이는 표현이므로 이대로 쓰자.

● 어느 공원의 주의사항

이곳에 휴지를 버리지 마시오.

✕ Do not put a garbage here.

이러한 뜻이다

1개의 휴지를 이곳에 놓지 마시오.

a garbage라고 하면 '한 개의 휴지'라는 의미가 되어버린다. 그렇다면 양이 많은 휴지는 버려도 좋다는 것인가?

Do not put garbage here.

a는 불필요하다.

No garbage here.

이것도 주의사항 표지 등에 잘 쓰이는 표현이다.

○ 어느 유원지의 주의사항

어린이에게서 눈을 떼지 마십시오.

✕ **Beware of children.**

이러한 뜻이다 사나운 어린이 주의!

beware of~는 '~에 조심하다', '~경계하다'라는 의미다. 즉, 이것은 '위험한 아이가 있으니 조심해라'라는 의미가 된다. 이 표현은 보통 Beware of dog(개 조심)과 같이 사용해야 맞다.

이렇게 바꾸자 **Watch your children carefully.**

이 watch는 '~을 지켜보다', '~에게서 눈을 떼지 않다'라는 의미다.

○ 어느 관광지의 찻집 간판

커피 한 잔 어때요?

✕ **Why not drink coffee?**

이러한 뜻이다 그럼, 커피라도 마시지?

Why not~?은 문제의 해결법을 제시할 때 사용하는 표현이다. 예를 들어, I'm really sleepy.(아~, 졸려.)라고 말했을 때, Why not go to bed early?(그럼, 빨리 자지 그래?) 등과 같이 쓰는 것이 일반적이다.

이렇게 바꾸자 **How about coffee?**

이렇게 하면 '커피 한 잔 어때요?', '커피라도 마실래요?'라는 뉘앙스의 자연스러운 표현이 된다.

● 담배 포스터

당신은 매너를 지키는 흡연가입니까?

✕ **Are you a good smoker?**

이러한 뜻이다

당신은 담배를 뛰어나게 잘 피는 흡연가입니까?

good smoker라고 하면 '뛰어난 흡연가'라는 뜻밖에 되지 않는다. 이런 표현은 good skier(뛰어난 스키어)와 같이 쓰는 것이 일반적이다.

이렇게 바꾸자

Are you a well-mannered smoker?

'매너가 좋은~'이라고 말하고 싶을 때는, well-mannered~라고 해야 알맞은 표현이 된다.

● 음식 반죽기의 사용설명서

다른 목적으로 사용하지 마십시오.

✕ **Do not use for the other use.**

이러한 뜻이다

또 하나의 목적으로 사용하지 마십시오.

use를 단수로 하면 '또 하나의 목적'이라는 의미가 되어, 다른 목적이 한 가지밖에 없는 것처럼 들린다.

Do not use for other uses.

uses라고 복수로 써야 한다.

Use only for processing food.

'음식물을 반죽할 목적으로만 사용하십시오'와 같이 보다 구체적으로 말해도 O.K.

● 데코레이션 케이크

데코레이션 케이크를 사 가자.

✕ **Let's go get a decoration cake.**

장식용 케이크를 사자!

decoration~이라고 하면 '장식용~'이라는 의미가 되어버린다. 이것은 예를 들어, These are decoration flowers.(이것은 장식용 꽃입니다.) 등과 같이 쓰는 표현이다.

Let's go get a party cake.

먹을 수 있는 케이크는 party cake, 혹은 fancy cake이라고 한다.

● 하이 센스

그녀는 센스가 좋다.

✕ **She has high sense.**

이렇게
들린다

그녀는 높은 관심을 갖고 있다.

우리가 '(패션 등의) 센스가 좋다'라는 의미로 쓰는 '하이 센스'라는 말은 콩글리시 표현에 속한다. 그러나 have a (high) sense of~(~을 갖고 있다)와 같이 쓴다면 O.K. 예를 들어, a high sense of humor(유머 감각이 있다), a high sense of duty(책임감이 강하다) 등과 같이 사용하면 문제없다.

She has good tastes.

'센스가 좋다'는 표현은 good tastes라고 해야 가장 적절하다.

● 언밸런스

(짐을 너무 많이 실어서) 차가 균형을 잃었다.

✕ My car is unbalance.

이렇게 들린다

내 차는 구급차입니다.

unbalance를 영어에서 말할 때는 '언밸-런스'라고 하며 ba 부분을 강하게 발음한다. 이것을 한국식으로 '언밸런스'라고 같은 톤으로 발음하면, 네이티브에게는 ambulance(구급차)라는 말로 들릴 가능성이 크다.

My car is unbalanced.

unbalanced로 수동태로 써야 올바른 표현이다.

My car is out of balance.

out of balance라고 해도 의미는 같다.

● 전기 카펫

전기 카펫을 갖고 있습니다.

✕ I have a hot carpet.

이렇게 들린다

훔친 카펫을 갖고 있다.

전기 카펫이 뜨겁다는 것을 생각하며 무심결에라도 hot carpet이라는 표현은 쓰지 않도록 하자. hot에는 속어로 '훔친'이란 뜻이 있어, '훔친 카펫을 갖고 있습니다'라는 말로 들릴 우려가 있기 때문이다.

I want an electric carpet.

전기로 따뜻해지는 카펫이므로 electric carpet이라고 해야 한다.

◎ 솔라 시스템(태양열 시스템)

최신 태양열 시스템을 샀습니다.

✕ **We bought the latest solar system.**

이렇게 들린다

최신 태양계를 샀다!

solar system은 '태양계'를 의미한다. 따라서 위와 같이 말하면 '최신 태양계를 샀다'라는 뚱딴지같은 소리가 되어버린다. 아무리 큰 부자라고 해도 그것은 불가능한 일이다.

We bought the latest solar heating system.

태양열을 이용한 난방 설비는 solar heating system으로 해야 맞다.

◎ 포트

(차 끓이는) 포트가 있어요.

✕ **I have pot you can use.**

이렇게 들린다

마리화나 있어.

영어로 pot라고 하면 냄비나 단지 등을 가리킨다. 또는 속어로 marihuana(마리화나)라는 뜻도 있기 때문에 잘못했다가는 전혀 엉뚱한 의미로 들릴 수도 있다.

I have a thermos you can use.

물을 끓이는 포트를 표현하고 싶다면 thermos라고 해야 맞다.

● 저스트

딱 250달러 있어.

✕ I have just $250.

250달러밖에 없어.

'정확하게'라는 뜻으로 just를 쓰면 좀 곤란하다. I have just～는 '～밖에 없다', '이 만큼밖에 없다'라는 의미이기 때문이다.

I have exactly $250.

I have just exactly $250.

just를 쓰고 싶다면 just exactly～라고 표현해야 한다.

● 오픈 카페

멋있는 오픈 카페군요.

✕ That's a nice open café.

멋있는 영업중의 카페군요.

이처럼 open을 사용해 봐야 '영업중인'이라는 뜻밖에 되지 않는다. 영업중이라는 것은 눈으로 보면 알 수 있는 사실이다.

That's a nice sidewalk café.

네이티브는 밖에서 차를 마실 수 있는 카페를 sidewalk café라고 말한다. sidewalk는 '인도', '보도'의 뜻이다.

That's a nice open-air café.

open-air cafe도 네이티브가 자주 사용하는 표현이다.

역자 양영철은
도키와대학 커뮤니케이션학과를 졸업하고 드폴대학 대학원을 수료했으며, 현재는 전문번역가로 활동하고 있다. 역서에는 〈그 영어, 네이티브에게는 이렇게 들린다-1, 2편〉 〈웃음은 빙산도 녹인다〉 〈화젯거리를 만들어라〉 〈회의 반으로 줄이고 두 배로 잘하는 법〉 〈시나리오 씽킹〉 등이 있다.

그 영어, 네이티브에게는 이렇게 들린다 · 3

1판 1쇄 인쇄 / 2007년 4월 10일
1판 3쇄 발행 / 2009년 7월 30일
2판 1쇄 발행 / 2016년 6월 20일

지은이 _ David A. Thayne, Koike Nobutaka
옮긴이 _ 양영철
발행인 _ 이현숙
발행처 _ 북스넛
등록 _ 제2016-000065호
주소 _ 경기도 고양시 일산동구 호수로 662 삼성라끄빌 442호
전화 _ 02-325-2505
팩스 _ 02-325-2506
이메일 _ booksnut2505@naver.com
ISBN 89-91186-32-7 03740

How Your English Sounds to Native Speakers · 3
Originally Published in Japan by Shufunotomo Co., Ltd. Tokyo